चाणक्य नीति

चाणक्य नीति

महान राजनीतिज्ञ व अर्थशास्त्री **आचार्य चाणक्य**
द्वारा रचित सूत्रों की सरल व्याख्या

सुधीर दीक्षित

MANJUL

मंजुल पब्लिशिंग हाउस

MANJUL

मंजुल पब्लिशिंग हाउस

कॉरपोरेट एवं संपादकीय कार्यालय

• द्वितीय तल, उषा प्रीत कॉम्प्लेक्स, 42 मालवीय नगर, भोपाल-462 003

विक्रय एवं विपणन कार्यालय

• सी-16, सेक्टर 3, नोएडा, उत्तर प्रदेश, 201301

वेबसाइट : www.manjulindia.com

वितरण केन्द्र

अहमदाबाद, बेंगलुरू, भोपाल, कोलकाता, चेन्नई,
हैदराबाद, मुम्बई, नई दिल्ली, पुणे

चाणक्य नीति

यह हिन्दी संस्करण 2023 में पहली बार प्रकाशित

ISBN 978-93-5543-120-2

सुधीर दीक्षित इस पुस्तक के
लेखक होने की नैतिक ज़िम्मेदारी वहन करते हैं

अनुक्रम

प्रस्तावना

जब भी कोई बहुत चतुराई या चालाकी का काम करता है, ख़ास तौर पर राजनीति के क्षेत्र में, तो उसे लोग चाणक्य कहने लगते हैं। लोगों को यह नहीं मालूम कि चाणक्य भारत में राजनीति शास्त्र और अर्थशास्त्र के पथप्रदर्शक थे, उन्हें तो बस इतना मालूम है कि यह महान व्यक्ति रणनीतिकार था और बहुत चतुर था। लोगों को यह नहीं मालूम कि चाणक्य ने राजनीति की कला पर 'अर्थशास्त्र' नामक अद्वितीय ग्रंथ लिखा है; उन्हें तो बस यह मालूम है कि चाणक्य ने 'नीति शास्त्र' के सूत्र लिखे हैं, जिनमें कूटनीति का सार है।

चाणक्य (375-283 ई.पू.) के बारे में बहुत कम प्रामाणिक जानकारी है, लेकिन किंवदंतियाँ बहुत सारी हैं। वास्तविकता यह है कि चाणक्य की कृतियाँ छठी सदी में खो गई थीं और वे २०वीं सदी में ही प्रकाश में आईं। चाणक्य ने 321 ई.पू. में प्रथम मौर्य सम्राट चंद्रगुप्त को सिंहासन पर बैठाया, इसके अलावा उनके बारे में बहुत कम जानकारी उपलब्ध है, यहाँ तक कि उनके नामों के संदर्भ में भी काफ़ी विवाद है। उनका नाम विष्णुगुप्त माना जाता है और उनके पिता चणक के नाम पर उन्हें चाणक्य कहा गया (जैन किंवदंतियों के अनुसार उनका जन्म चणक गाँव में होने से उनका नाम चाणक्य पड़ा)। उन्हें कौटिल्य कहा जाता है, इस बारे में कुछ लोगों का मत है कि यह उनका गोत्र था, जबकि कुछ लोगों के अनुसार उन्हें कौटिल्य इसलिए कहा जाता है, क्योंकि वे कुटिलता यानी चालाकियों में माहिर थे। चाणक्य की किंवदंतियों के मुख्यत: चार संस्करण मिलते हैं, एक है बौद्ध संस्करण, दूसरा है जैन संस्करण, तीसरा है कश्मीरी संस्करण और चौथा है विशाखादत्त का संस्करण, जिसे उन्होंने अपने नाटक मुद्राराक्षस में प्रस्तुत किया।

कोई आश्चर्य नहीं कि इतने महान व्यक्ति की इतनी महान पुस्तक चाणक्य नीति के बहुत से अनुवाद उपलब्ध हैं। आप जो अनुवाद पढ़ने जा रहे हैं, उसकी खासियत यह है कि इसमें आपको सिर्फ़ सूत्रों का अनुवाद ही नहीं मिलेगा, बल्कि सारांश में यह भी बताया जाएगा कि वर्तमान आधुनिक परिवेश में हम प्रत्येक सूत्र से क्या प्रेरणा ले सकते हैं। मुझे लगा कि सिर्फ़ अनुवाद से बात पूरी नहीं होगी, क्योंकि चाणक्य ने इस पुस्तक का संकलन आज से लगभग 2300 वर्ष पूर्व किया था और आज की परिस्थितियाँ उनके समय से बहुत अलग हैं।

संक्षेप में, चाणक्य के बारे में कुछ उल्लेखनीय बातें ये हैं :

- चाणक्य को ब्राह्मण माना गया है और उन्होंने अपने धर्म का पालन करते हुए चंद्रगुप्त को ज्ञान प्रदान किया तथा उन्हें सिंहासन पर बैठाकर मौर्य वंश का सूत्रपात किया। चाणक्य ने गुरु की महिमा को स्थापित किया और हालाँकि आज कई लोगों को किंगमेकर कहा जाता है, लेकिन प्रामाणिक इतिहास में संभवत: चाणक्य पहले किंगमेकर थे।

- चाणक्य ग़रीब थे, उनके पास ओजस्वी भाषण की कला नहीं थी, न ही शारीरिक बल था। लेकिन उनमें बुद्धि थी, कौशल था, संकल्प और जुनून था। और चाणक्य ने अपनी उपलब्धियों से यह साबित कर दिया कि बुद्धि और जुनून होने पर मनुष्य इतिहास रच सकता है।

- आज से 2,300 साल पहले राष्ट्र की परिकल्पना बहुत मुश्किल थी, लेकिन उस युग में चाणक्य ने सच्चे राष्ट्रवादी की तरह अखंड और एकीकृत भारत का स्वप्न देखा, जिसे बाद में उन्होंने काफ़ी हद तक साकार भी किया। जब भारत के बाक़ी राजा संकीर्ण मानसिकता के शिकार थे और अपने-अपने राज्य के बारे में सोच रहे थे, तब चाणक्य पूरे भारत देश के बारे में सोच रहे थे। बहुत से मनीषी उनसे पहले वसुधैव कुटुम्बकम का दर्शन दे चुके थे, लेकिन चाणक्य संभवत: पहले भारतीय थे, जिसने अखंड भारत का स्वप्न देखा और उसे साकार करने में महती योगदान दिया।

- चाणक्य कुशल कूटनीतिज्ञ और रणनीतिकार थे, जिन्होंने शत्रुओं को चालाकी से परास्त करने के तरीक़े खोजे, जिनमें विषकन्या का अनूठा अस्त्र शामिल था। उन्होंने चंद्रगुप्त की रक्षा करने के लिए सुंदर महिलाओं की एक सेना बनाई, जिन्हें विषकन्या कहा गया। इसके लिए कुछ सुंदर लड़कियों को बचपन से ही ज़हर की क्रमशः बढ़ती ख़ुराक देकर इस तरह पाला जाता था, ताकि किशोरावस्था तक वे पूरी तरह से ज़हरीली हो जाएँ। इन युवतियों का चुंबन भी ज़हरीला होता था और इनके साथ सहवास करने पर तुरंत मृत्यु हो जाती थी। विषकन्याओं का इस्तेमाल शत्रुओं को मारने के लिए किया जाता था।

- उन्होंने कूटनीति से चंद्रगुप्त का विवाह यूनानी हमलावर सेल्यूकस की बेटी से करा दिया, ताकि भारत यवनों के आक्रमण से सुरक्षित रहे।

- चाणक्य षड्यंत्रों और चालों के परम विद्वान थे। इसीलिए वे बिना बताए चंद्रगुप्त को धीरे-धीरे विष देने लगे थे, ताकि चंद्रगुप्त में विष की इम्यूनिटी विकसित हो जाए और कोई चंद्रगुप्त को ज़हर देकर न मार सके।

- चाणक्य चंद्रगुप्त की सुरक्षा की बहुत चिंता करते थे और षड्यंत्रों से बचने के लिए उन्होंने कई रणनीतियाँ बनाई। चाणक्य की सलाह पर चंद्रगुप्त षड्यंत्रकारियों के इरादे नाकाम करने के लिए अक्सर शयनकक्ष बदलते रहते थे। वे महल से बहुत कम बाहर निकलते थे, क्योंकि महल के बाहर सुरक्षा का ख़तरा ज़्यादा रहता था। शिकार पर जाते समय उनके आस-पास महिला प्रहरी रहती थीं, क्योंकि महिलाओं के तख़्तापलट षड्यंत्र में शामिल होने की आशंका कम रहती है।

- चाणक्य गुप्तचरों के उपयोग में अग्रणी थे और उन्होंने गुप्तचरों का वृहद् नेटवर्क तैयार किया, जिसे सीबीआई और एफ़बीआई का अगुआ कहा जा सकता है।

- चाणक्य का राजनैतिक ज्ञान कोरा सैद्धांतिक ज्ञान नहीं है; यह बहुत व्यावहारिक है, क्योंकि इसके आधार पर ही चाणक्य ने एक विशाल साम्राज्य को बनाया और क़ायम रखा।

रोचक प्रसंग : चाणक्य की मातृभक्ति

बचपन से ही चाणक्य का एक दाँत बाहर निकला था। इसे देखकर एक ज्योतिषी ने भविष्यवाणी की कि यह बालक बड़ा होकर राजा बनेगा, क्योंकि उसके दाँत पर नागराज का चिह्न है, जो राजयोग प्रदान करता।

यह भविष्यवाणी सुनकर चाणक्य की माँ रोने लगी।

जब चाणक्य ने माँ से पूछा कि वे क्यों रो रही हैं, तो माँ बोलीं, राजा बनने के बाद तू मुझे छोड़कर चला जाएगा, क्योंकि राजा कभी अपने रिश्तेदारों की परवाह नहीं करता।

माँ की आशंका दूर करने के लिए चाणक्य ने पत्थर से अपना दाँत तोड़ दिया और कहा, 'न रहेगा बाँस, न बजेगी बाँसुरी। लो मैंने वह दाँत ही तोड़ दिया, जिस पर राजा बनने का चिह्न था। मेरे लिए राज-पाट तुम्हारी ख़ुशी से ज़्यादा क़ीमती नहीं है।'

छोटे बच्चे के साहस और त्याग को देखकर माँ स्तब्ध रह गई। इसके बाद चाणक्य को लोग खंडदंत नाम से भी जानने लगे।

अध्याय 1

मंगलाचरण

प्रणम्य शिरसा विष्णुं त्रैलोक्याधिपतिं प्रभुम्।
नानाशास्त्रोद्धृतं वक्ष्ये राजनीतिसमुच्चयम्।। 01–01

तीनों लोकों (स्वर्ग, पृथ्वी और पाताल) के स्वामी भगवान विष्णु के श्रीचरणों में प्रणाम करके मैं विभिन्न शास्त्रों से एकत्रित राजनीति के ज्ञान का संकलन प्रस्तुत करता हूँ।

व्याख्या : चाणक्य ने पहले श्लोक में ही स्पष्ट कर दिया है कि इस पुस्तक में उनके मौलिक विचार या श्लोक या ज्ञान नहीं है; यह तो कई शास्त्रों के चुनिंदा विचारों का संकलन है। ध्यान रहे, इसमें 'राजनीति' के बारे में कम, 'जीवन नीति' के बारे में ज़्यादा बताया गया है। नीति का मतलब है सही समय और सही जगह पर सही काम करने की कला। यानी यह छोटी सी पुस्तक हमें जीवन जीने की कला सिखा सकती है, बशर्ते हम इसकी बातों पर चिंतन-मनन करें।

प्रेरक विचार : इस पुस्तक में कोई तो बात होगी, तभी तो चाणक्य इतने लोकप्रिय हुए। कारण यह है कि युग बदलता है, शताब्दी बदलती है, सहस्त्राब्दी बदलती है, लेकिन मानव स्वभाव नहीं बदलता। चाणक्य का नीति शास्त्र आज भी कारगर है, क्योंकि मानव स्वभाव आज भी वैसा ही है, जैसा चाणक्य के युग में था।

क्या करें, क्या न करें?

अधीत्येदं यथाशास्त्रं नरो जानाति सत्तमः।
धर्मोपदेशविख्यातं कार्याकार्य शुभाशुभम्।। 01–02

चाणक्य के अनुसार इस पुस्तक में यह बताया गया है कि धर्म के हिसाब से कौन से काम करने चाहिए और कौन से काम नहीं करने चाहिए। इसमें कार्य और अकार्य (क्या करें/क्या न करें) के शुभ-अशुभ फलों के सूक्ष्म रहस्य भी बताए गए हैं। श्रेष्ठ है वह मनुष्य, जो इस शास्त्र को पढ़ता-समझता है और इसमें बताए मार्ग पर चलता है।

व्याख्या : श्रेष्ठ व्यक्ति वही है, जो कोई भी काम करने से पहले अच्छी तरह सोच-विचार कर लेता है कि वह काम करने लायक़ है या नहीं। हमें भली-भाँति विचार करना चाहिए कि कोई काम करने या न करने के स्वयं पर और दूसरों पर क्या परिणाम होंगे। अगर अच्छे परिणाम मिलने की संभावना हो, तो वह काम करने लायक़ है और अगर अच्छे परिणाम मिलने की संभावना न हो, तो वह काम करने लायक़ नहीं है।

प्रेरक विचार : पूरी सृष्टि कारण और परिणाम के नियम पर चलती है। जैसा बीज बोएँगे, वैसा ही फल मिलेगा। सरल भाषा में, अगर आम का फल चाहते हों, तो नीम का बीज न बोएँ। सफलता का फल चाहते हों, तो आलस का बीज न बोएँ। आप जैसे बीज बोएँगे, वैसे ही फल मिलेंगे। और अगर बीज नहीं बोया, तो फल मिलने की आशा न करें। यानी हमें अपनी निष्क्रियता के परिणाम भी झेलने पड़ते हैं।

चाणक्य नीति ज्ञान का ख़ज़ाना है

तदहं सम्प्रवक्ष्यामि लोकानां हितकाम्यया।
येन विज्ञातमात्रेण सर्वज्ञत्वं प्रपद्यते।। 01–03

हृदय में लोकहित की कामना से मैं इस पुस्तक में वह ज्ञान बताने जा रहा हूँ, जिसे जानने-समझने मात्र से मनुष्य स्वयं को सर्वज्ञ मान सकता है।

व्याख्या : चाणक्य के श्लोक का अर्थ यह है कि इस पुस्तक में तत्कालीन ज्ञान के मूल्यवान मोतियों का संग्रह है, इसलिए इन्हें पढ़कर पाठक दुनियादारी के सूक्ष्म रहस्य समझ जाएगा और हर परिस्थिति में उचित निर्णय ले सकेगा।

प्रेरक विचार : चाणक्य का उद्‌देश्य लोकहित था, यानी वे पाठकों को ज्ञानी बनाना चाहते थे। हमें भी काम करते समय सोचना चाहिए कि हमारा उद्‌देश्य क्या है?

इन तीन चीज़ों से बुद्धिमान भी कष्ट उठाता है

मूर्खशिष्योपदेशेन दुष्टस्त्रीभरणेन च।
दु:खितैः सम्प्रयोगेण पण्डितोऽप्यवसीदति।। 01–04

मूर्ख शिष्य को उपदेश देने, दुष्ट स्त्री का भरण-पोषण करने और दुखी लोगों के साथ रहने से बुद्धिमान व्यक्ति को भी कष्ट उठाना पड़ता है।

व्याख्या : वास्तव में इस चौथे श्लोक से ही नीतिशास्त्र शुरू होता है, जिसमें बताया गया है कि मनुष्य को कौन से तीन काम नहीं करने चाहिए।

चाणक्य के अनुसार मूर्ख शिष्य या व्यक्ति को उपदेश इसलिए नहीं देना चाहिए, क्योंकि या तो वह सुनेगा नहीं या समझेगा नहीं या विरोध या बहस करने लगेगा। इसलिए जीवन की स्वर्णिम नीति यही है कि सीख या उपदेश सिर्फ़ सुपात्र को ही दें।

इसी तरह, दुष्ट पत्नी आपके साथ बुरा व्यवहार करेगी, आपको परेशान करेगी, ताने मारेगी, कहना नहीं मानेगी और अनैतिकता की राह पर चलेगी, जिससे आपका दुखी होना तय है।

इसी तरह, दुखी लोगों के साथ रहने पर आप भी दुखी हो जाएँगे, क्योंकि वे हर समय अपने दुर्भाग्य को कोसेंगे, शिकायतें करेंगे और अपने कष्टों तथा बीमारियों का रोना रोते रहेंगे, जिससे आपकी मानसिकता पर बुरा असर पड़ेगा और आपको संक्रामक रोग भी हो सकता है। इसलिए चाणक्य के अनुसार बुद्धिमान व्यक्तियों को मूर्खों, दुष्ट स्त्री और दुखी लोगों से दूर रहना चाहिए।

प्रेरक विचार : अपने साथी सावधानी से चुनें, क्योंकि उनकी मानसिकता, दृष्टिकोण, जीवनशैली, विचारों, शब्दों और कामों का आप पर बहुत असर होता है। हमें अपने दोस्त सावधानी से इसलिए चुनना चाहिए, क्योंकि अंततः हम भी वैसे ही बन जाते हैं। इसलिए सिर्फ़ उन्हीं को चुनें, जिनके जैसे आप बनना चाहते हैं।

ये चार चीज़ें मृत्युतुल्य कष्ट देती हैं

दुष्टा भार्या शठं मित्रं भृत्यश्चोत्तरदायकः।
ससर्पे च गृहे वासो मृत्युरेव न संशयः।। 01–05

दुष्ट पत्नी, कपटी मित्र, मुँहफट नौकर और साँप वाले घर में रहने से निश्चित मृत्यु होती है।

व्याख्या : इस तरह की ख़बरें छपती रहती हैं कि बेवफा पत्नी ने प्रेमी के साथ मिलकर पति की हत्या कर दी या पत्नी की बेवफ़ाई का पता चलने पर पति ने आत्महत्या कर ली, इसलिए चाणक्य की बात आज भी सोलह आने सही है।

कपटी मित्र भी षड्यंत्र रचकर आपकी संपत्ति हथिया सकता है, आपकी पत्नी को फुसला सकता है और धोखा देकर आपकी हत्या तक करा सकता है।

उजड्ड और मुँहफट नौकर आपको सीधे नुक़सान पहुँचा सकता है या आपके घर के भेद दूसरों को बताकर आपको बरबाद करा सकता है। 'घर का भेदी लंका ढाए' वाली कहावत याद रखें और सिर्फ़ निष्ठावान तथा वफ़ादार सेवक ही चुनें।

चाणक्य ने दुष्ट पत्नी, कपटी मित्र और उजड्ड नौकर को घर में रहने वाले साँप जितना ख़तरनाक बताया है।

प्रेरक विचार : अगर आपके निकट रहने वाले लोग विश्वसनीय, वफ़ादार और निष्ठावान नहीं हैं, अगर वे दग़ाबाज़, धूर्त या स्वार्थी हैं, तो आप हमेशा परेशान रहेंगे, क्योंकि आपकी मानसिकता हमेशा खिन्न और नकारात्मक रहेगी। नकारात्मक माहौल में रहकर आप सकारात्मक नहीं हो सकते और जब तक आप सकारात्मक नहीं होंगे, तब तक आकर्षण का नियम सक्रिय नहीं हो पाएगा और आप सफल नहीं हो पाएँगे।

अपनी रक्षा सबसे पहले करें

आपदर्थे धनं रक्षेद्दारान् रक्षेद्धनैरपि।
आत्मानं सततं रक्षेद्दारैरपि धनैरपि।। 01–06

विपत्ति काल के लिए धन की रक्षा करें, पत्नी की रक्षा के लिए धन ख़र्च करें, लेकिन स्वयं (आत्मा) की रक्षा स्त्री व धन दोनों से ज़्यादा महत्वपूर्ण है।

व्याख्या : संकट में धन काम आता है, अतः उसे बचाकर रखना चाहिए। पत्नी का महत्व धन से ज़्यादा है, इसलिए उसकी रक्षा की ख़ातिर निस्संकोच धन ख़र्च करें। लेकिन सबसे बढ़कर व्यक्ति को स्वयं के प्राणों की रक्षा करनी चाहिए। विमान में भी लिखा रहता है, आपातकालीन स्थिति में बच्चों को ऑक्सीजन मास्क पहनाने से पहले ख़ुद मास्क पहनें, क्योंकि पहले मास्क पहनने के बाद आप बच्चे को बचा सकते हैं। इसी तरह अपने प्राण बचाने के बाद आप पत्नी को बचा सकते हैं और धन दोबारा कमा सकते हैं।

प्रेरक विचार : प्राथमिकता तय करें कि आपके लिए कौन सी चीज़ सबसे ज़्यादा महत्वपूर्ण है और फिर उस प्राथमिकता के अनुरूप काम करें। प्राथमिकताओं की सूची बनाना बहुत महत्वपूर्ण है, क्योंकि इसके बाद निर्णय लेना आसान हो जाता है।

संचित धन भी नष्ट हो सकता है

आपदर्थे धनं रक्षेच्छ्रीमतां कुत आपदः।
कदाचिच्चलिता लक्ष्मीः संचतोऽपि विनश्यति।। 01–07

आपदा के लिए धन बचाएँ, लेकिन इस ग़लतफ़हमी में न रहें कि यह धन आपको बचा लेगा। धन चलायमान और गतिशील है, इसलिए संचित धन भी नष्ट हो सकता है।

व्याख्या : इस सूत्र में बताया गया है कि परिवर्तन प्रकृति का नियम है, इसलिए हमें आत्मसंतुष्ट या अहंकारी नहीं होना चाहिए, क्योंकि हमारा सौभाग्य पलक झपकते ही दुर्भाग्य में बदल सकता है। इसलिए अपनी सफलता पर अहंकार न करें और परिवर्तनों व अवसरों के बारे में जागरूक रहें, ताकि आप समय रहते उन पर प्रतिक्रिया कर सकें।

प्रेरक विचार : धन का संग्रह या निवेश सोच-समझकर करें और जोखिमों के बारे में जागरूक रहें। यह भी जान लें कि भोग-विलास की चीज़ों पर ख़र्च करने से धन नष्ट होता है।

ऐसी जगह न रहें

यस्मिन्देशे न सम्मानो न वृत्तिर्न च बान्धवाः।
न च विद्याऽऽगमः कश्चित् तं देशं परिवर्जयेत।। 01–08

जहाँ आपका सम्मान न हो, रोज़गार न हो, रिश्तेदार और मित्र न हों, न ही विद्या प्राप्त होती हो, वहाँ कभी न रहें।

व्याख्या : पुश्तैनी मकान में परिवार के साथ रहने के बजाय ज़्यादातर लोग नौकरी, पढ़ाई या व्यवसाय की ख़ातिर किसी दूसरे शहर में रहते हैं। अगर आपको अपने वर्तमान परिवेश में सम्मान, धन, प्रेम या विद्या नहीं मिलती है, तो आप बेहतर परिवेश क्यों नहीं खोज रहे हैं? मुख्य प्रश्न यह है, आप जहाँ रहते हैं, वहाँ क्यों रह रहे हैं? वहाँ ऐसा क्या लाभ है, जो किसी दूसरी जगह नहीं है?

प्रेरक विचार : आपको सफलता के लिए सही जगह चुनना चाहिए। अगर आपका व्यवसाय वर्तमान जगह पर फल-फूल नहीं रहा है, तो किसी बेहतर जगह की तलाश करें। अगर किसी कंपनी में आपकी योग्यताओं का सम्मान न हो रहा हो या पर्याप्त वेतन न मिल रहा हो, तो किसी बेहतर कंपनी की तलाश करें।

यहाँ एक दिन भी न रुकें

धनिकः श्रोत्रियो राजा नदी वैद्यस्तु पञ्चमः।
पंच यत्र न विद्यन्ते न तत्र दिवसं वसेत्।। 01-09

जहाँ सेठ, वेदपाठी ब्राह्मण, राजा, नदी और वैद्य ये पाँच न हों, वहाँ मनुष्य को एक दिन भी नहीं रहना चाहिए।

व्याख्या : धनवान लोगों के यहाँ आप नौकरी कर सकते हैं, उनसे धन कमाने के तरीक़े सीख सकते हैं और वक़्त-ज़रूरत पैसे उधार ले सकते हैं। वेदपाठी ब्राह्मण पूजा, हवन, यज्ञ आदि कराने में सहायक होते हैं। चाणक्य के युग में दुख से बचने और सुख हासिल करने के लिए पूजा-हवन-ग्रह शांति बहुत लोकप्रिय थे, इसलिए वैदिक ब्राह्मण का होना आवश्यक माना गया है। राजा का रहना इसलिए आवश्यक था, ताकि क़ानून-व्यवस्था क़ायम रहे और अपराधों से रोकथाम हो। नदी इसलिए, ताकि पानी और अनाज आदि की कमी न हो। वैद्य इसलिए, ताकि अचानक बीमारी में इलाज हो सके। अगर किसी स्थान पर इनमें से एक भी न हो, तो वहाँ न रहें। यानी आपके जीवन में इन पाँचों का बहुत ज़्यादा महत्व है।

प्रेरक विचार : ऐसी जगह न रहें, जहाँ आपको आपात स्थिति में सहारा न मिल सके। यानी जहाँ भोजन, पानी, पैसों, दवाओं या क़ानून-व्यवस्था की समस्या हो, वहाँ से जल्दी से जल्दी बाहर निकलें।

वहीं रहें, जहाँ ये पाँच चीज़ें हों

लोकयात्रा भयं लज्जा दाक्षिण्यं त्यागशीलता।
पंच यत्र न विद्यन्ते न कुर्यात्तत्र संस्थितिम्।। 01-10

जहाँ आजीविका का साधन, दंड का भय, लज्जा, दान देने की भावना व त्यागशीलता - ये पाँच चीज़ें न हों, वहाँ कभी नहीं रहना चाहिए।

व्याख्या : यदि लोगों को राजा या दंड का भय नहीं होगा, तो वे निस्संकोच ग़लत और ग़ैर-कानूनी काम करेंगे। लोकलाज न होने पर वे उच्छृँखल और अनैतिक काम करेंगे। जहाँ परोपकार, दानशीलता, उदारता व त्यागशीलता नहीं है, वहाँ सिर्फ़ स्वार्थ का बोलबाला होगा। अत: ऐसे स्थान पर रहने से कोई लाभ नहीं हो सकता, सिर्फ़ हानि की आशंका रहती है। इस श्लोक में बताया गया है कि स्थान अत्यंत महत्वपूर्ण होता है, इसलिए अपने रहने की जगह सावधानी से चुनें।

प्रेरक विचार : ज़्यादातर लोग स्वार्थी होते हैं, लेकिन ज़रा सोचें, स्वार्थी लोगों के साथ रहने से आपको क्या फ़ायदा हो सकता है, क्योंकि वे तो सारे समय आपसे फ़ायदा उठाने की कोशिश करेंगे।

किसकी परीक्षा कब होती है?

जानीयात्प्रेषणे भृत्यान्बान्धवान् व्यसनाऽऽगमे।
मित्रं चाऽऽपत्तिकालेषु भार्या च विभवक्षये।। 01-11

सेवक की परीक्षा आज्ञापालन अथवा कर्तव्यपालन में, रिश्तेदारों की मुश्किल परिस्थितियों में, मित्रों की आपात स्थिति में और पत्नी की परीक्षा निर्धनता में होती है।

व्याख्या : यदि सेवक तत्परता, इच्छा और कुशलता से मालिक की आज्ञा का पालन न करे, तो वह सच्चा सेवक नहीं है। इसी तरह जो रिश्तेदार सुख में तो साथ रहते हैं, लेकिन मुश्किल घड़ी या आफ़त में साथ नहीं देते, उन्हें सच्चा रिश्तेदार नहीं कहा जा सकता। मित्र की पहचान विपत्ति में होती है और वह अगर विपत्ति में साथ न दे, तो कैसा मित्र? इसी तरह धन-संपत्ति के चले जाने पर यह पता चलता है कि पत्नी पति से प्रेम करती है या धन-संपत्ति से। इस श्लोक का अर्थ यह है कि अच्छे समय में तो सभी अपनापन जताते हैं, लेकिन मुश्किल समय में ही पता चलता है कि कौन अपना है और कौन पराया।

प्रेरक विचार : आदर्श सेवक कैसा होना चाहिए? उसे 'अ मैसेज टु गार्शिया' पुस्तक के नायक गार्शिया जैसा होना चाहिए। अच्छे सेवक को तुरंत आज्ञापालन करना चाहिए और सूझ-बूझ से स्वामी के आदेश को सर्वश्रेष्ठ तरीक़े से फटाफट पूरा करना चाहिए। अगर आप नौकरी कर रहे हों, तो गार्शिया जैसा सेवक बनने की कोशिश करें।

सच्चे बंधु की क्या पहचान है?

आतुरे व्यसने प्राप्ते दुर्भिक्षे शत्रुसंकटे।
राजद्वारे श्मशाने च यस्तिष्ठति स बान्धवः।। 01-12

बीमारी, दुख और अकाल में, शत्रु से युद्ध में, राजा की अदालत में, यहाँ तक कि श्मशान में भी जो साथ न छोड़े, वही सच्चा बंधु है।

व्याख्या : सच्चा बंधु वही है, जो आपकी ज़रूरत के हर पल साथ खड़ा रहे, जो कष्ट और मुश्किल में सहायता करे। बहाने बनाने वाले या मौक़े पर दग़ा देने वाले को सच्चा मित्र या बंधु नहीं कहा जा सकता।

प्रेरक विचार : आजकल सोशल मीडिया पर युवाओं के हज़ारों तथाकथित मित्र होते हैं, जो लाइक और कमेंट करते रहते हैं। लेकिन मुश्किल में साथ देने वाले सच्चे मित्र बहुत कम होते हैं। शायद इसी वजह से युवाओं में अकेलेपन और डिप्रेशन की समस्या बढ़ती जा रही है। युवाओं को मित्रों

और परिचितों में भेद करना सीखना चाहिए, क्योंकि मुश्किल समय में सिर्फ़ सच्चे मित्र ही काम आते हैं।

अनिश्चित चीज़ के लिए निश्चित चीज़ न छोड़ें

यो ध्रुवाणि परित्यज्य अध्रुवं परिषेवते।
ध्रुवाणि तस्य नश्यन्ति अध्रुवं नष्टमेव हि।। 01-13

जो व्यक्ति निश्चित चीज़ को छोड़कर अनिश्चित चीज़ के पीछे भागता है, उसे न तो अनिश्चित चीज़ मिलती है, न ही निश्चित चीज़ मिलती है।

व्याख्या : आधी छोड़ पूरी को धावे, आधी मिले न पूरी पावे। अर्थात् उस चीज़ को पाने की कोशिश पहले करें, जिसका मिलना निश्चित हो। इसके बाद ही अनिश्चित चीज़ की कोशिश करें, वरना इस दौरान ऐसी परिस्थितियाँ बन सकती हैं कि वह निश्चित चीज़ भी आपसे दूर चली जाएगी। इस श्लोक का मूल अर्थ यह है कि ज़्यादा लालच नहीं करना चाहिए, वरना आगे चलकर पछताना पड़ता है।

प्रेरक विचार : हमें नए काम शुरू करने से पहले अधूरे काम पूरे करने की कोशिश करनी चाहिए, क्योंकि उन्हें पूरा करने में कम समय और मेहनत लगेगी, जबकि नए कामों में समय और मेहनत ज़्यादा लगेगी।

विवाह समान कुल में करें

वरयेत्कुलजां प्राज्ञो विरूपामपि कन्यकाम्।
रूपशीलां न नीचस्य विवाहः सदृशे कुले।। 01-14

बुद्धिमान मनुष्य को कुलीन कन्या से ही विवाह करना चाहिए, भले ही वह रूपवती न हो। नीच कुल की रूपवती कन्या से विवाह नहीं करना चाहिए। अर्थात् विवाह समान कुल में ही करना चाहिए।

व्याख्या : आधुनिक युग में यह कथन दक़ियानूसी लगता है, लेकिन चाणक्य के समय की परिस्थितियाँ आज से बहुत अलग थीं, क्योंकि तब जातियों के बंधन कठोर थे। यहाँ कुल से तात्पर्य यह है कि परिवारों की संस्कृति समान होनी चाहिए, ताकि पारिवारिक संस्कृतियों में भिन्नता न हो और कन्या नए परिवार में आसानी से तालमेल बैठा सके।

प्रेरक विचार : सिर्फ़ रूप-रंग, आकर्षण या सुंदरता के आधार पर विवाह न करें। पारिवारिक और सांस्कृतिक समानताओं वाली लड़की या लड़के से शादी करना हमेशा बेहतर है।

इन पर कभी विश्वास न करें

नखीनां च नदीनां च श्रंगीणं शस्त्रपाणिनाम्।
विश्वासो नैव कर्तव्यः स्त्रीषु राजकुलेषु च।। 01-15

इन पर विश्वास करके कभी काम नहीं करना चाहिए : सींग या नाख़ून वाले जानवर, नदी, शस्त्रधारी, स्त्री और राजकुल के व्यक्ति।

व्याख्या : यह अंदाज़ा लगाना मुश्किल है कि ये आपको कब नुक़सान पहुँचा दें।

स्त्रियों पर भरोसा न करने की सलाह चंचल स्वभाव वाली या पराई स्त्रियों के बारे में सही है, क्योंकि पता नहीं स्वार्थी प्रेमिकाएँ कब धोखा दे जाएँ या अपना उल्लू सीधा करने के लिए आपका नुक़सान कर दें।

प्रेरक विचार : विश्वास सुपात्र पर ही करना चाहिए। क्यों? क्योंकि जिन पर हम विश्वास करते हैं, उन्हीं की सलाह के अनुरूप काम करते हैं। अगर हम ग़लत लोगों पर विश्वास करेंगे, तो निश्चित रूप से हम ग़लत दिशा में जाकर ग़लत काम करेंगे, जिससे हमें ग़लत परिणाम मिलेंगे और हमारा भविष्य अंधकारमय हो जाएगा।

बुरी जगह से ये अच्छी चीज़ें ग्रहण करें

विषादप्यमृतं ग्राह्यममेध्यादपि काञ्चनम्।
नीचादप्युत्तमा विद्या स्त्रीरत्नं दुष्कुलादपि।। 01–16

विष से अमृत, गंदगी से स्वर्ण, नीच व्यक्ति से उत्तम विद्या और छोटे कुल की शीलवती कन्या को ग्रहण करना चाहिए।

व्याख्या : गुण को महत्व दें, स्त्रोत को नहीं, यानी अगर उत्तम पदार्थ बुरे स्त्रोत से भी मिले, तो उसे स्वीकार कर लें। कीचड़ में भी सोने का मूल्य कम नहीं होता, इसलिए उसे उठा लें। इसी तरह बुरे समय में महापुरुषों का भी मूल्य कम नहीं होता। नीच व्यक्ति यदि ज्ञानी है, तो उससे ज्ञान ग्रहण करें, क्योंकि ज्ञान मूल्यवान होता है। इसी तरह कन्या की भी जाति या कुल नहीं, बल्कि आचरण व चरित्र महत्वपूर्ण होते हैं।

यह सूत्र 1–14 सूत्र के विपरीत जान पड़ता है, जिसमें सदृश कुल में ही विवाह करने की सलाह दी गई थी। यहाँ चाणक्य कहते हैं कि कन्या की जाति नहीं, बल्कि उसका व्यवहार, चरित्र और स्वभाव ज़्यादा महत्वपूर्ण होता है। हमें ध्यान रखना चाहिए कि चाणक्य ने नीति शास्त्र में कई पुस्तकों के श्लोकों का संकलन किया है, इसलिए थोड़ा–बहुत विरोधाभास स्वाभाविक है।

प्रेरक विचार : दृष्टिकोण या नज़रिया महत्वपूर्ण होता है। विष से अमृत ग्रहण करने का अर्थ है कि हानिकारक चीज़ों से भी लाभ लेना सीखें। ग़लतियों से सबक़ लें। नकारात्मक घटनाओं से सीखें। असफलता के कारणों का पता लगाएँ और ग़लतियाँ न दोहराने का संकल्प लें।

स्त्री–पुरुष के स्वभाव में क्या अंतर है?

स्त्रीणां द्विगुण आहारो लज्जा चापि चतुर्गुणा।
साहसं षड्गुणं चौव कामश्चाष्टगुणः स्मृतः।। 01–17

पुरुषों की अपेक्षा स्त्रियों का आहार दो गुना, लज्जा चार गुना, साहस/सहनशीलता छह गुना और कामेच्छा आठ गुना होती है।

व्याख्या : यहाँ चाणक्य ने स्त्री और पुरुष की तुलना की है। स्त्रियाँ पुरुषों से दोगुना आहार खाती हैं, यह गर्भवती या दूध पिलाने वाली माताओं के संदर्भ में ही सच हो सकता है। संभवतः चाणक्य ने यह इसलिए भी कहा होगा, क्योंकि प्रायः पुरुष दो बार भोजन करते हैं, जबकि स्त्रियाँ थोड़ी-थोड़ी देर में कुछ न कुछ खाती–चबाती रहती हैं, जिससे यह ग़लतफ़हमी हो सकती है कि वे पुरुषों से बहुत ज़्यादा खाती हैं।

स्त्रियों में सहनशीलता निश्चित रूप से छह गुना ज़्यादा होती है, क्योंकि प्रसवपीड़ा में उन्हें मर्मांतक वेदना झेलना पड़ती है, इसलिए यह प्राकृतिक वरदान उन्हें पुरुषों से श्रेष्ठ बनाता है।

हालाँकि स्त्रियों में कामेच्छा पुरुषों के मुक़ाबले ज़्यादा होती है, लेकिन लज्जा की वजह से वे उसकी अभिव्यक्ति नहीं करती हैं।

प्रेरक विचार : चाणक्य के इस श्लोक में बताया गया है कि स्त्री और पुरुष समान नहीं होते। हर युवा को जॉन ग्रे की पुस्तक 'मेन आर फ्रॉम मार्स, विमेन आर फ्रॉम वीनस' पढ़नी चाहिए, क्योंकि तभी आप स्त्री–पुरुषों की शारीरिक, मानसिक, वैचारिक व भावनात्मक भिन्नताओं के बारे में जागरूक हो पाएँगे।

रोचक प्रसंग : चाणक्य का प्रण

जब यवन सेना ने भारत पर हमला किया, तो राष्ट्रवादी चाणक्य बहुत चिंता में पड़ गए और राजा धनानंद के दरबार में पहुँचे। चाणक्य ने कहा कि वे तक्षशिला के आचार्य हैं और वे यवनों की सेना से भारत को बचाने के उद्देश्य से वहाँ आए हैं। उन्होंने चेतावनी दी कि अगर यवनों को आगे बढ़ने से नहीं रोका गया, तो पूरा भारत गुलाम बन जाएगा।

अहंकार और शक्ति के नशे में चूर धनानंद को यह छोटे मुँह, बड़ी बात लगी और उसने चाणक्य का अपमान किया। इसके बाद उसने अपने रक्षकों से कहा कि वे चाणक्य को लात मारकर बाहर निकाल दें। इस वजह से चाणक्य गिर गए और उनकी शिखा खुल गई।

अपनी खुली शिखा दिखाते हुए उन्होंने भरे दरबार में प्रण लिया : 'मैं यह शिखा तब तक नहीं बाँधूँगा, जब तक कि नंद वंश का नाश नहीं कर दूँगा और मगध साम्राज्य की गद्दी पर किसी योग्य राजा को नहीं बैठा दूँगा।'

बाद में उन्होंने चंद्रगुप्त मौर्य को मगध के सिंहासन पर बैठाकर अपना प्रण पूरा किया।

अध्याय 2

स्त्रियों में ये सात दोष होते हैं

अनृतं साहसं माया मूर्खत्वमतिलोभिता।
अशौचत्वं निर्दयत्वं स्त्रीणां दोषाः स्वभावजाः।। 02–01

स्त्रियों में ये सात दोष स्वभावगत होते हैं : झूठ बोलना, दुस्साहस, छल-कपट, मूर्खता, अति लोभ, अस्वच्छता और निर्दयता।

व्याख्या : संबंधों को महत्व देने के कारण स्त्रियाँ सामान्य बातों में भी झूठ बोल देती हैं और कई बातें छिपा जाती हैं, ताकि सामने वाले को बुरा न लगे।

स्त्रियाँ अपनी शक्ति पर विचार किए बिना भावावेग में दुस्साहस दिखाती हैं।

स्त्रियों में पुरुषों जितनी शारीरिक शक्ति नहीं होती, इसलिए अपनी इच्छा पूरी करने के लिए उन्हें छल-कपट की नीति का सहारा लेना पड़ता है।

स्त्रियों को मूर्ख इसलिए कहा गया है, क्योंकि उस युग में उनके पास न तो सांसारिक ज्ञान होता था, न ही विद्वानों के संपर्क का अनुभव होता था।

स्त्रियों में सुरक्षा की गहरी आवश्यकता होती है, इसलिए लोभ, संग्रह तथा कंजूसी की प्रवृत्ति स्वाभाविक थी।

अस्वच्छता वाली बात संभवतः इसलिए कही गई होगी, क्योंकि स्त्रियाँ हर माह रजस्वला होती हैं।

निर्दयता वाली बात स्त्रियों के संदर्भ में अनुचित लगती है, क्योंकि स्त्रियाँ मूलत: कोमल और सहृदय होती हैं। निर्दयता वाली बात तभी सही हो सकती है, जब स्त्री अपनी इच्छा पूरी करने के लिए समर्पित हो या किसी से बदला लेने पर उतारू हो। स्त्रियाँ भावप्रधान होती हैं, अत: भावावेग में अपने शत्रु के प्रति निर्दय हो सकती है।

चाणक्य के अनुसार ये अवगुण नारी स्वभाव में होते हैं, लेकिन आधुनिक युग में स्त्रियों में शिक्षा के प्रचार-प्रसार के बाद स्थिति काफ़ी बदल गई है। यह बात चाणक्य ने अपने समय और समाज में नारी की स्थिति के संदर्भ में कहे थे। आज संदर्भ बदल गया है, इसलिए इन बातों को शब्दश: नहीं समझना चाहिए।

प्रेरक विचार : जैसा पिछले अध्याय के अंतिम श्लोक में बताया गया था, स्त्री और पुरुष समान नहीं होते। उनके गुण-अवगुण एक दूसरे से भिन्न होते हैं, अत: आपस में व्यवहार करते समय हमें आपसी भिन्नताओं का ध्यान रखना चाहिए और सामने वाले से अपने जैसे व्यवहार की अपेक्षा नहीं रखनी चाहिए।

ये तीन शक्तियाँ भाग्य से मिलती हैं

भोज्यं भोजनशक्तिश्च रतिशक्तिर्वराङ्गना।
विभवो दानशक्तिश्च नाऽल्पस्य तपसः फलम्।। 02–02

भोजन होने पर पाचनशक्ति, पत्नी होने पर कामक्रीड़ा की शक्ति और संपत्ति होने पर दान देने की शक्ति काफ़ी तपस्या के फल हैं।

व्याख्या : अर्थ स्वत: ही स्पष्ट है।

प्रेरक विचार : उम्र बढ़ने पर रतिशक्ति, पाचनशक्ति और तमाम तरह की शक्तियों को क़ायम रखने के लिए ज़्यादा प्रयास और मेहनत की ज़रूरत होती है। तपस्या का अर्थ ही है अनुशासन, संयम और परिश्रम।

संसार कब स्वर्ग बनता है?

यस्य पुत्रो वशीभूतो भार्या छन्दाऽनुगामिनी।
विभवे यश्च सन्तुष्टस्तस्य स्वर्ग इहैव हि।। 02–03

जो मनुष्य अपने धन–वैभव से संतुष्ट है और जिसकी पत्नी तथा पुत्र उसकी इच्छा के अनुरूप काम करते हैं, उसके लिए यह पृथ्वी ही स्वर्ग जैसी है।

व्याख्या : अर्थ स्वत: ही स्पष्ट है।

प्रेरक विचार : संतोषी सदा सुखी! मनुष्य को अपने धन से संतुष्ट रहना सीखना चाहिए और निन्यानवे के फेर में नहीं पड़ना चाहिए। कई लोग जीवन में हमेशा असंतुष्ट रहते हैं, क्योंकि वे दूसरों से अपनी तुलना करते हैं और उनसे आगे निकलने की होड़ करते रहते हैं। किसी दूसरे से तुलना करना बेमानी है, क्योंकि आप ही नहीं, इस संसार का हर व्यक्ति अनूठा है।

रिश्तों की सही परिभाषा क्या है?

ते पुत्रा ये पितुर्भक्ता: स पिता यस्तु पोषक:।
तन्मित्रं यत्र विश्वास: सा भार्या यत्र निर्वृति:।। 02–04

पुत्र वही है जो पिता का भक्त है, पिता वही है जो भरण–पोषण करे, मित्र वही है जो विश्वासपात्र है, पत्नी वही है जो सुख दे।

व्याख्या : अर्थ स्वत: ही स्पष्ट है।

प्रेरक विचार : ज़्यादातर लोग इस बारे में सोचते हैं कि उनके अधिकार क्या हैं या उन्हें क्या मिलना चाहिए या उन्हें क्या नहीं मिल रहा है? लेकिन वे यह नहीं सोचते कि वे कौन से कर्तव्य, दायित्व या जिम्मेदारियाँ नहीं निभा रहे हैं। वे यह नहीं सोचते कि उन्हें क्या करना चाहिए या वे क्या नहीं कर रहे हैं?

कपटी मित्र की पहचान क्या है?

परोक्षे कार्यहन्तारं प्रत्यक्षे प्रियवादिनम्।
वर्जयेत्तादृशं मित्रं विषकुम्भं पयोमुखम्।। 02–05

जो सामने मीठी बात करे और पीठ पीछे काम बिगाड़े, ऐसे मित्र को विष के उस घड़े के समान त्याग दें, जिसके मुँह पर तो दूध है, लेकिन अंदर विष भरा है।

व्याख्या : थोड़ा सा दूध ऊपर होने के बावजूद विष का कलश जानलेवा होता है। इसी तरह ऊपर से मीठी बातें करने वाला कपटी मित्र भी भारी नुक़सान करता है। इसलिए हमें मित्र सावधानी से चुनने चाहिए।

प्रेरक विचार : दिखने और होने के फ़र्क़ को समझें। यह अच्छी तरह समझ लें कि लोग मतलब निकालने और स्वार्थ साधने के लिए मक्खन लगाते हैं, झूठी तारीफ़ करते हैं, चापलूसी करते हैं और चने के झाड़ पर चढ़ाते हैं। जैसा चाणक्य पहले ही बता चुके हैं, असली मित्र वही है, जो मुश्किल समय में साथ दे। शब्द पाई के पचास मिलते हैं; काम ही बताते हैं कि कौन आपका कितना हितैषी है।

अपने रहस्य किसी को न बताएँ

न विश्वसेत्कुमित्रे च मित्रे चापि न विश्वसेत्।
कदाचित्कुपितं मित्रं सर्वं गुह्यं प्रकाशयेत्।। 02-06

ग़लत मित्रों पर भरोसा न करें और अच्छे मित्रों पर भी पूरी तरह विश्वास न करें। हो सकता है कि वह मित्र गुस्से या झगड़े में हमारे रहस्य सबको बता दे, जिससे हमें नुक़सान हो जाए।

व्याख्या : अर्थ स्वत: ही स्पष्ट है।

प्रेरक विचार : हमें अपनी गोपनीय बातें किसी को भी नहीं बतानी चाहिए। अगर हम ख़ुद किसी बात को गोपनीय नहीं रख पाते और उसे अपने ख़ास व्यक्ति को बता देते हैं, तो हम सामने वाले से यह उम्मीद कैसे कर सकते हैं कि वह किसी तीसरे को वह बात नहीं बताएगा, जिसे वह अपना ख़ास समझता होगा।

अपनी योजना गोपनीय रखें

मनसा चिन्तितं कार्यं वाचा नैव प्रकाशयेत्।
मन्त्रेण रक्षयेद्गूढं कार्ये चापि नियोजयेत्।। 02-07

जब आप मन में कुछ करने की सोचें, तो कभी किसी को न बताएँ। मंत्र की तरह गुप्त रखकर किसी को उसकी भनक न लगने दें, जब तक कि काम पूरा न हो जाए।

व्याख्या : अर्थ स्वत: ही स्पष्ट है।

प्रेरक विचार : ज़्यादातर लोगों के मन में जैसे ही कुछ करने का विचार आता है, वे उसका ढिंढोरा पीटने लगते हैं। इसके बाद होता क्या है? लोग उनके विचार की खामियाँ बताते हैं, आलोचना करते हैं, ख़तरे गिनाते हैं और इस सबका नतीजा यह होता है कि उस विचार पर व्यक्ति अंतत: काम ही नहीं कर पाता, क्योंकि नवजात विचार बहुत भंगुर होता है और किसी

की चुभती बात से दम तोड़ सकता है। इसके अलावा अगर हमारे शत्रुओं को पता चल जाए कि हम क्या करने वाले हैं, तो वे हमारी सफलता की राह में बाधाएँ डालेंगे।

ये तीन चीज़ें परेशानी का कारण हैं

कष्टं च खलु मूर्खत्वं कष्टं च खलु यौवनम्।
कष्टात्कष्टतरं चैव परगेहनिवासनम्।। 02–08

मूर्ख होना कष्टकारी है, यौवन कष्टकारी है, लेकिन किसी दूसरे के घर में रहना सबसे कष्टकारी है।

व्याख्या : मूर्ख व्यक्ति ग़लत निर्णय लेता है और बाद में पछताता है, इसलिए मूर्खता दूसरों के साथ-साथ स्वयं के लिए भी कष्टकारी होती है। आजीविका की मेहनत और श्रम, अनुभवहीनता, असफल प्रेम की पीड़ा आदि कष्ट प्राय: जवानी में ही होते हैं। जवानी में अहंकार, प्रबल कामेच्छा और गुरूर होता है, जिस वजह से लोग ऐसे काम कर बैठते हैं, जिन पर उन्हें बाद में पछताना पड़ सकता है।

किसी दूसरे के घर में रहने का वर्तमान अर्थ किराये का घर माना जा सकता है, जो निश्चित रूप से काफ़ी कष्टकारी होता है, ख़ास तौर पर अगर मकान मालिक ऊपर की मंजिल पर रहता हो। लेकिन चाणक्य के युग में इसका अर्थ किसी रिश्तेदार के घर मुफ्त की रोटी तोड़ना था। पराए घर में न तो इंसान स्वाभिमान के साथ रह सकता है, न ही अपनी इच्छा से कोई काम कर सकता है। वह अपनी स्वतंत्रता खोकर पराधीन बन जाता है और 'पराधीन सपनेहु सुख नाहीं।'

प्रेरक विचार : मूर्खता के संबंध में प्रेरक बात! यह न भूलें कि जो रॉकेट वैज्ञानिक इस वक़्त रॉकेट बनाने-चलाने में माहिर है, शुरुआत में वह भी इस क्षेत्र में अज्ञानी और मूर्ख था। वह तो लगातार सीखकर, अभ्यास करके और ज्ञान ग्रहण करके विशेषज्ञ बना! यही मूर्खता से विशेषज्ञता तक पहुँचने की राह है।

मूल्यवान चीज़ें दुर्लभ होती हैं

शैले शैले न माणिक्यं मौक्तिकं न गजे गजे।
साधवो न हि सर्वत्र चन्दनं न वने वने।। 02–09

माणिक हर पर्वत पर नहीं मिलते, मोती हर हाथी के मस्तक पर नहीं मिलते, अच्छे इंसान हर जगह नहीं मिलते, न ही चंदन के वृक्ष हर जंगल में मिलते हैं।

व्याख्या : दुर्लभ या मूल्यवान चीज़ें हर जगह नहीं मिलती हैं; वे ख़ास जगहों पर ही मिलती हैं।

प्रेरक विचार : यदि आप कोई दुर्लभ या मूल्यवान चीज़ चाहते हैं, तो आपको पता होना चाहिए कि यह कहाँ मिलती है। इस संसार में ज़्यादातर लोग नकारात्मक होते हैं और बहुत कम लोग प्रेरक व सकारात्मक होते यदि आप अच्छे लोगों का साथ चाहते हैं, तो आपको उनकी तलाश करनी पड़ेगी, क्योंकि जैसा ऊपर दिया श्लोक बताता है, वे दुर्लभ होते हैं और हर जगह नहीं मिलते हैं।

परवरिश बहुत महत्वपूर्ण है

पुत्राश्च विविधैः शीलैर्नियोज्याः सततं बुधैः।
नीतिज्ञाः शीलसम्पन्ना भवन्ति कुलपूजिताः।। 02–10

पुत्रों को बचपन से ही नीति और सदाचार लगातार सिखाना चाहिए, ताकि वे नैतिकता के मार्ग पर चलकर कुल का नाम ऊँचा करें।

व्याख्या : अर्थ स्वतः ही स्पष्ट है।

प्रेरक प्रसंग : पिता या टीम के मुखिया का दायित्व है कि वह अपने पुत्र या टीम को जैसा बनाना चाहता है, वैसी शिक्षा दे और उदाहरण पेश करे। परवरिश या प्रशिक्षण का मतलब है सुनियोजित तरीक़े से सिखाना। आपका कर्मचारी या अधीनस्थ उसी साँचे में ढलता है, जिस साँचे में आप उसे ढालते हैं।

माता–पिता कब शत्रु बन जाते हैं?

माता शत्रुः पिता वैरी याभ्यां बाला न पाठितः।
सभामध्ये न शोभन्ते हंसमध्ये बको यथा।। 02–11

अपनी संतान को न पढ़ाने वाले माता–पिता शत्रु होते हैं, क्योंकि विद्वानों की सभा में वे उतने ही अशोभनीय होते हैं, जैसे हंसों के बीच कौआ।

व्याख्या : बच्चों को शिक्षा न दिलाने वाले माता–पिता उनके शत्रु के समान हैं, क्योंकि अशिक्षित और अज्ञानी संतानें विद्वानों की सभा में मूर्ख दिखेंगी, जहाँ उनका मुँह खुलते ही उनका अज्ञान प्रकट हो जाएगा।

प्रेरक प्रसंग : टीम के लीडर को अपनी टीम को लगातार प्रशिक्षण देना चाहिए, ताकि वे अपने क्षेत्र में ज्ञानी बन सकें। कई कंपनियों में हर नए कर्मचारी के लिए एक मेन्टोर नियुक्त किया जाता है, जो उसे विधिवत प्रशिक्षण देता है और कंपनी की संस्कृति, मूल्यों व कार्यप्रणाली संबंधी मार्गदर्शन देता है।

डाँट–फटकार लाड़–दुलार से बेहतर है

लालनाद्बहवो दोषास्ताडनाद् बहवो गुणाः।
तस्मात्पुत्रं च शिष्यं च ताडयेन्न तु लालयेत्।। 02–12

लाड़–प्यार से बहुत से दोष उत्पन्न होते हैं और ताड़ना देने या पीटने से बहुत से गुण आते हैं, इसलिए पुत्र और शिष्य को लाड़–प्यार के बजाय ताड़ना देना बेहतर होता है।

व्याख्या : ज़्यादा लाड़–प्यार देने से संतान बिगड़ जाती है, इसलिए सख़्ती करना ज़रूरी है, ताकि उसमें बुरी आदतों के बजाय अच्छी आदतें आएँ और वह सही–ग़लत आचरण में फ़र्क़ समझ जाए।

प्रेरक विचार : सच तो यह है कि प्रशंसा से हमें उतना लाभ नहीं होता, जितना आलोचना से होता है, लेकिन इसके बावजूद हम प्रशंसा सुनने के

लिए लालायित होते हैं, क्योंकि इससे हमारे अहं को संतुष्टि मिलती है। आलोचना पर चिंतन-मनन करके हम अपनी कमज़ोरियाँ और कमियाँ दूर करके बेहतर बन सकते हैं।

ये काम हर दिन करें

श्लोकेन वा तदर्थेन तदर्धार्धाक्षरेण वा।
अबन्ध्यं दिवसं कुर्याद्दानाध्ययन कर्मभि:।। 02-13

ऐसा एक भी दिन नहीं जाना चाहिए, जब आप एक श्लोक या आधा श्लोक या एक अक्षर भी याद न करें। इसी तरह दान, अध्ययन और अच्छे कर्म भी हर दिन करना चाहिए।

व्याख्या : अर्थ स्वत: ही स्पष्ट है।

प्रेरक विचार : मनुष्य को हर दिन कुछ न कुछ सीखना चाहिए और अपने लक्ष्य की दिशा में कुछ न कुछ करते रहना चाहिए, क्योंकि यही मनुष्य जीवन की सार्थकता है।

कौन सी चीज़ें बिना अग्नि के जलाती हैं?

कान्तावियोग: स्वजनापमानं ऋणस्य शेषं कुनृपस्य सेवा।
दारिद्र्यभावाद्विमुखं च मित्रं विनाग्निना पञ्च दहन्ति कायम्।। 02-14

पत्नी का वियोग, स्वजनों से अपमानित होना, कर्ज़ का बोझ, दुष्ट राजा या मालिक की सेवा, निर्धनता और धूर्त मित्र - ये चीज़ें इंसान को बिना अग्नि के जलाती रहती हैं।

व्याख्या : पत्नी से वियोग हो जाए, तो मनुष्य उसकी याद में घुलता रहता है। इसी तरह यदि रिश्तेदार अपमान कर दें, तो वह उसे भी नहीं भूल पाता। कर्ज़ के बोझ तले दबा मनुष्य हर समय अपने कर्ज़ की ही चिंता करता रहता

है। बुरे मालिक का नौकर भी हर समय दुखी रहता है। ग़रीबी की वजह से मनुष्य अपनी इच्छाएँ दबाने के लिए मजबूर हो जाता है। धूर्त मित्र हमेशा कष्ट और संकट में डालता रहता है, इसलिए ये सब बिना अग्नि के जलाते हैं और हर समय मर्मांतक कष्ट पहुँचाते हैं।

प्रेरक विचार : गेट्स ने कहा है कि अगर आप ग़रीब पैदा होते हैं, तो इसमें आपकी कोई ग़लती नहीं है, लेकिन अगर आप ग़रीब मरते हैं, तो इसमें आपकी पूरी-पूरी ग़लती है। ग़लत आत्म-छवि, आलस्य, अकर्मण्यता, अयोग्यता, अक्षमता आदि ग़रीबी के मुख्य कारण हैं। यानी अगर आप अमीर बनना चाहते हैं, तो अपनी योग्यता और कर्मठता को बढ़ाने पर ध्यान दें।

इन तीनों का शीघ्र नाश होता है

नदीतीरे च ये वृक्षा: परगेहेषु कामिनी।
मन्त्रहीनाश्च राजान: शीघ्रं नश्यन्त्यसंशयम्।। 02-15

नदी किनारे के पेड़, पराए घर में रहने वाली सुंदरी और मंत्रीरहित राजा का निस्संदेह शीघ्र नाश होता है।

व्याख्या : अर्थ स्वत: ही स्पष्ट है।

प्रेरक विचार : मनुष्य को जोखिमों से दूर रहना चाहिए और उचित सलाह लेना चाहिए।

किस जाति की शक्ति क्या है?

बलं विद्या च विप्राणां राज्ञां सैन्यं बलं तथा।
बलं वित्तं च वैश्यानां शूद्राणां परिचर्यकम्।। 02-16

ब्राह्मण का बल विद्या, राजा का बल सेना, वैश्यों का बल धन और शूद्र का बल सेवाकर्म है।

व्याख्या : ग़ौर करें, यहाँ वर्णों के बारे में जो कहा गया है, वह जन्म के नहीं, बल्कि कर्म के आधार पर कहा गया है।

प्रेरक विचार : हर व्यक्ति को यह सोचना चाहिए कि वह किस क्षेत्र में शक्तिशाली है और फिर उसे उस क्षेत्र में अपनी शक्ति बढ़ाने की कोशिश करनी चाहिए। आपका मूल स्वभाव, स्वाभाविक रुझान या आंतरिक प्रेरणा जिस क्षेत्र में होगी, आप उसमें ज़्यादा प्रगति कर सकते हैं और ज़्यादा सफल हो सकते हैं।

स्वार्थ संबंध का आधार है

निर्धनं पुरुषं वेश्या प्रजा भग्नं नृपं त्यजेत्।
खगा वीतफलं वृक्षं भुक्त्वा चाभ्यागतो गृहम्।। 02–17

वेश्या निर्धन पुरुष को, प्रजा पराजित राजा को, पक्षी फलहीन वृक्ष को और अतिथि भोजन करने के बाद घर को छोड़ देते हैं।

व्याख्या : अर्थात् यह मतलब की दुनिया है और सब अपने स्वार्थ पूरे होने के बाद छोड़ देते हैं, इसलिए किसी से स्थायी संबंधों की उम्मीद न करें, बल्कि स्वार्थी व्यवहार को दुनिया का दस्तूर मानकर स्वीकार करें।

प्रेरक विचार : जब भी कोई किसी से मिलता है, तो उसके चेतन–अचेतन मन में यह विचार रहता है, 'इससे मुझे किस तरह लाभ हो सकता है?' मनुष्य उन्हीं लोगों के आस–पास रहना चाहता है, जिनसे उसे लाभ हो सकता है। इसलिए हमेशा लोगों को प्रत्यक्ष–अप्रत्यक्ष रूप से बताते रहें कि आप उन्हें क्या लाभ प्रदान कर रहे हैं, क्या लाभ प्रदान कर सकते हैं और आपके साथ रहने पर उन्हें क्या लाभ मिलेगा।

जब तक काम, तब तक दुआ–सलाम

गृहीत्वा दक्षिणां विप्रास्त्यजन्ति यजमानकम्।
प्राप्तविद्या गुरुं शिष्या दग्धारण्यं मृगास्तथा।। 02–18

यजमान से दक्षिणा लेने के बाद ब्राह्मण और गुरु से विद्या लेने के बाद शिष्य दूर चले जाते हैं, जैसे जले हुए जंगल से जानवर दूर चले जाते हैं।

व्याख्या : यह श्लोक पिछले श्लोक की बात को आगे बढ़ाता है। व्यक्ति अपना उद्देश्य पूरा होने तक ही आपके साथ रहेगा, फिर आपसे दूर चला जाएगा।

प्रेरक विचार : जब आप किसी को लाभ पहुँचाने की स्थिति में नहीं रहेंगे, तो लोग आपसे दूर हो जाएँगे। कभी सोचा है कि जब तक आप रिटायर नहीं होते हैं, तब तक आपकी पूछ–परख होती है, लेकिन रिटायर होने के बाद पूछ–परख ख़त्म हो जाती है।

इन लोगों से मित्रता करने पर शीघ्र विनाश होता है

दुराचारी दुरादृष्टिर्दुरावासी च दुर्जनः।
यन्मैत्री क्रियते पुंभिर्नरः शीघ्रं विनश्यति।। 02–19

जो मनुष्य दुराचारी, बुरी निगाह वाले, गंदी जगह रहने वाले और दुर्जन लोगों से मित्रता करता है, वह जल्दी ही नष्ट हो जाता है।

व्याख्या : संगत का असर पड़ता है, इसलिए मित्रता करने से पहले जाँच कर लें कि कहीं सामने वाले में ये बुराइयाँ तो नहीं हैं। बुरे आचरण वाले, धूर्त, गंदे और दुर्जन लोगों से दोस्ती करने से लाभ कैसे होगा? उससे तो हानि ही होगी। कहा भी गया है कि खरबूजे को देखकर खरबूजा रंग बदलता है, अर्थात् संगति का प्रभाव जाने–अनजाने में अवश्य पड़ता है।

प्रेरक विचार : मित्रता सोच-समझकर करें। हमें अपने लक्ष्य के अनुरूप मित्र चुनने चाहिए। अगर आप भोपाल से मुंबई जाने की कोशिश कर रहे हैं, तो उन लोगों के साथ यात्रा न करें, जो हैदराबाद जा रहे हों।

कौन सी चीज़ कहाँ शोभा देती है?

समाने शोभते प्रीतिः राज्ञि सेवा च शोभते।
वाणिज्यं व्यवहारेषु दिव्या स्त्री शोभते गृहे।। 02–20

प्रेम या मित्रता बराबरी वालों को ही शोभा देती है। नौकरी राजा की शोभा देती है। व्यापार में अच्छा व्यवहार शोभा देता है और सुंदर स्त्री की शोभा घर में होती है।

व्याख्या : प्रेम या मित्रता अपनी बराबरी वालों से उचित होती है। इसी तरह अगर नौकरी करनी हो, तो बड़ी नौकरी करें यानी सरकारी नौकरी सबसे अच्छी रहती है। व्यापार में अच्छा व्यवहार या लोक-व्यवहार अनिवार्य होता है (कुछ व्याख्याकारों ने यह अर्थ भी लिया है कि व्यापार ही वैश्यों की शोभा है)। सुंदर स्त्री की शोभा घर में है, क्योंकि वह घर में सुरक्षित रहकर अपने पत्नी-धर्म का पालन कर सकती है।

प्रेरक विचार : समान लोगों से मित्रता उचित होती है। जैसे एक ही कंपनी, एक ही ऑफ़िस, एक ही पेशे में हों या एक ही जगह रहते हों या उनकी सामाजिक हैसियत या आर्थिक स्थिति एक जैसी हो।

रोचक प्रसंग

कहा जाता है कि चाणक्य जब जंगल में घूम रहे थे, तो उन्होंने एक बालक को सिंहासन जैसी ऊँची चट्टान पर राजसी अंदाज़ में बैठा देखा। बहुत से दूसरे बालक झूठी फरियादें कर रहे थे और सिंहासन पर बैठा बालक उनका यथोचित निराकरण कर रहा था। सिंहासन पर बैठे उस बालक का नाम चंद्रगुप्त था, जिसके राजसी अंदाज और बुद्धि से चाणक्य बहुत प्रभावित हुए। चाणक्य ने उसी समय यह संकल्प लिया कि वे इस बालक को राजा बनने का प्रशिक्षण देंगे। उन्होंने चंद्रगुप्त को कई वर्षों तक युद्ध कला तथा प्रशासन दोनों का प्रशिक्षण दिया, जिसकी बदौलत कालांतर में चंद्रगुप्त बहुत सफल शासक सिद्ध हुए।

अध्याय तीन

समस्या किसके पास नहीं है?

कस्य दोषः कुले नास्ति व्याधिना को न पीडितः।
व्यसनं केन न प्राप्तं कस्य सौख्यं निरन्तरम्।। 03-01

ऐसा कौन है, जिसके कुल में दोष नहीं है, जिसे कोई बीमारी नहीं है, जिसमें कोई व्यसन नहीं है और जो हर पल सुखी रहता है?

व्याख्या : यानी हर किसी को कोई न कोई समस्या है और इस संसार में कोई भी शत-प्रतिशत समय पूरी तरह सुखी नहीं है। अर्थात् मनुष्य को अपनी कमियों, समस्याओं या कष्टों को लेकर ज़्यादा चिंतित नहीं होना चाहिए, अपितु धैर्य और संतोष रखना चाहिए, क्योंकि अगर अभी बुरा वक़्त चल रहा है, तो भविष्य में अच्छा वक़्त भी आएगा।

प्रेरक विचार : नकारात्मक स्थितियों में मनुष्य का नज़रिया महत्वपूर्ण होता है। हर व्यक्ति में खामियाँ और ख़ूबियाँ दोनों होती हैं, आप किसे देखते हैं? हर व्यक्ति को कोई न कोई शारीरिक कष्ट लगा रहता है, यह आपके नज़रिये पर निर्भर करता है कि आप अपने 5 प्रतिशत बीमार अंगों पर ध्यान केंद्रित करते हैं या 95 प्रतिशत स्वस्थ अंगों पर। हर व्यक्ति में अच्छी और बुरी दोनों तरह की आदतें होती हैं, आप किस पर ध्यान केंद्रित करते हैं?

आपका व्यवहार और आचरण क्या बताता है?

आचार: कुलमाख्याति देशमाख्याति भाषणम्।
सम्भ्रम: स्नेहमाख्याति वपुराख्याति भोजनम्।। 03-02

व्यवहार से खानदान, बोली से देश, परवाह से प्रेम और शरीर से ख़ुराक का पता चलता है।

व्याख्या : अर्थात् व्यवहार, परवाह और हुलिया किसी मनुष्य के बारे में बहुत कुछ बता देता है।

प्रेरक विचार : आपका व्यवहार, बोली और हुलिया बहुत महत्वपूर्ण होता है; इन्हें प्रशंसनीय बनाएँ।

किसके साथ कैसा सलूक करें?

सुकुले योजयेत्कन्यां पुत्रं विद्यासु योजयेत्।
व्यसने योजयेच्छत्रुं मित्रं धर्मेण नियोजयेत्।। 03-03

कन्या का विवाह अच्छे परिवार में करें, पुत्र को अच्छी शिक्षा दें, शत्रु को बुरी आदतों में उलझाएँ और मित्र को धर्म की राह पर चलाएँ।

व्याख्या : अर्थ स्वत: ही स्पष्ट है।

प्रेरक विचार : वर्तमान युग में प्राय: देखा जाता है कि युवा अपने दोस्तों की देखादेखी व्यसनों का शिकार हो जाते हैं। चाणक्य के इस श्लोक के अनुसार ये लोग दोस्त नहीं, अपितु शत्रु हैं।

दुर्जन साँप से भी ज़्यादा कष्टकारी है

दुर्जनस्य च सर्पस्य वरं सर्पो न दुर्जनः।
सर्पो दंशति कालेन दुर्जनस्तु पदे पदे।। 03–04

दुर्जन और सर्प में से किसी एक को चुनना हो, तो दुर्जन के बजाय सर्प को चुनें, क्योंकि सर्प तो केवल एक बार डसता है, लेकिन दुर्जन पग-पग पर डसता रहता है।

व्याख्या : चाणक्य कहते हैं कि दुष्ट व्यक्ति साँप से भी ज़्यादा जहरीला होता है। साँप तो आत्मरक्षा के लिए एक बार डँसता है, लेकिन दुष्ट व्यक्ति स्वभाव के वशीभूत होकर हर समय अकारण परेशान करता है, इसलिए दुष्ट व्यक्ति से यथासंभव दूर रहें।

प्रेरक विचार : आजकल नीचा दिखाने, आलोचना करने या छोटा दिखाने, ताना मारने और हँसी उड़ाने को फ़ैशन माना जाता है, ख़ास तौर पर युवा वर्ग में। लेकिन एक बात अच्छी तरह से समझ लें! ऐसे लोग लोकप्रिय और सफल नहीं हो पाते, क्योंकि जीवन में सफलता दूसरों के सहयोग और मदद पर निर्भर करती है।

कुलीन व्यक्ति बिन पेंदी के लोटे नहीं होते

एतदर्थे कुलीनानां नृपाः कुर्वन्ति संग्रहम्।
आदिमध्याऽवसानेषु न त्यजन्ति च ते नृपम्।। 03–05

राजा कुलीन व्यक्तियों को अपने आस-पास इसलिए रखता है, क्योंकि वे शुरुआत से अंत तक कभी साथ नहीं छोड़ते।

व्याख्या : आशय यह है कि राजा संपन्न हो या विपन्न, सुख में हो या दुख में, कुलीन लोग उसका साथ कभी नहीं छोड़ते, क्योंकि वे निष्ठावान होते हैं। वे नमक का हक़ अदा करते हैं। यानी घटिया, नीच या ओछे लोग ही स्वार्थपरायण और अवसरवादी होते हैं, जबकि कुलीन लोग गुणवान और आदर्शवादी होते हैं।

प्रेरक विचार : कुलीन व्यक्ति समझदारी से अपने विकल्प चुनता है और फिर निष्ठावान रहता है। आजकल कंपनियों में निष्ठावान कर्मचारियों की बहुत कमी है, क्योंकि अच्छे वेतन के लालच में नौकरियाँ बदलना आम परिपाटी बन चुकी है।

सज्जन हमेशा मर्यादा में रहते हैं

प्रलये भिन्नमर्यादा भवन्ति किल सागराः।
सागरा भेदमिच्छन्ति प्रलयेऽपि न साधवः।। 03–06

प्रलय में सागर भी मर्यादा छोड़कर जलप्लावन कर देता है, लेकिन सज्जन लोग प्रलय में भी अपनी मर्यादा नहीं छोड़ते।

व्याख्या : इस श्लोक में सज्जन लोगों की मर्यादा को रेखांकित किया गया है कि वे हर परिस्थिति में मर्यादित और अनुशासित रहते हैं।

प्रेरक विचार : मनुष्य को हमेशा अपनी मर्यादा और स्वभाव में रहना चाहिए। कभी दूसरों की नक़ल न करें, बल्कि अपने स्वरूप में रहें, क्योंकि तभी आपकी अलग पहचान और छवि बनती है तथा क़ायम रहती है।

मूर्ख के साथ इसलिए न रहें

मूर्खस्तु प्रहर्तव्यः प्रत्यक्षो द्विपदः पशुः।
भिद्यते वाक्य–शल्येन अदृशं कण्टकं यथा।। 03–07

मूर्ख के साथ न रहें, क्योंकि वह दो पैरों वाला जानवर है, जो चुभते वाक्यों से हृदय को छलनी करता रहता है।

व्याख्या : जिस तरह पाँव में चुभा काँटा दिखाई नहीं देता, लेकिन लगातार कष्ट देता है, उसी तरह मूर्खों के चुभने वाले शब्द दिखाई तो नहीं देते हैं, लेकिन लगातार कष्ट देते हैं।

प्रेरक विचार : मूर्ख व्यक्तियों के साथ न रहें, क्योंकि वे चुभने वाली, अपमानजनक, खिल्ली उड़ाने वाली बातें करेंगे, जिन्हें सुनकर आपका उत्साह ठंडा पड़ जाएगा, आप नई चीज़ें करने में घबराएँगे और आपका आत्मविश्वास भी कम होगा, जिससे आपकी सफलता की संभावना कम हो जाएगी।

सबसे बड़ी कमी कौन सी है

रूपयौवनसम्पन्नाः विशालकुलसम्भवाः।
विद्याहीना न शोभन्ते निर्गन्धा इव किंशुकाः।। 03–08

भले ही पुरुष सुंदर, युवा, धनवान और कुलीन वंश के हों, लेकिन विद्याहीन होने पर उनकी शोभा कम हो जाती है, जिस तरह पलाश के फूल में गंध न होने से उसकी सुंदरता फीकी पड़ जाती है।

व्याख्या : यदि किसी व्यक्ति में योग्यता न हो, तो वह पलाश के फूल जैसा होता है, जो दिखता तो सुंदर है, लेकिन वह किसी काम का नहीं होता।

प्रेरक विचार : सुंदर होने में स्वयं की कोई उपलब्धि नहीं है, युवा होने में स्वयं की कोई उपलब्धि नहीं है, अमीर परिवार में पैदा होने में भी स्वयं की कोई उपलब्धि नहीं है, लेकिन विद्या आप स्वयं अपने प्रयासों से अर्जित करते हैं। आप जो विद्या या योग्यता या हुनर सीखते हैं, उसी से आपकी पहचान बनती है, इसलिए विद्यार्जन को महत्व दें।

किसकी सुंदरता किस चीज़ में होती है?

कोकिलानां स्वरो रूपं स्त्रीणां रूपं पतिव्रतम्।
विद्या रूपं कुरूपाणां क्षमा रूपं तपस्विनाम्।। 03–09

कोयल की सुंदरता आवाज़ में, स्त्री की सुंदरता पतिव्रत धर्म में, कुरूप की सुंदरता विद्या में और तपस्वियों की सुंदरता क्षमा में होती है।

व्याख्या : चाणक्य का आशय यह है कि व्यक्ति की सुंदरता उसके शरीर में नहीं, अपितु उसके प्रधान गुण में होती है।

प्रेरक विचार : हर व्यक्ति में कोई न कोई ऐसी ख़ासियत या गुण होता है, जिससे उसे संसार जानता है और जो उसका ब्रांड, उसकी पहचान बन जाता है। हमारी कोशिश होनी चाहिए कि हमें अपने अच्छे गुणों के कारण पहचाना जाए, इसलिए हमें उन्हें बढ़ाने और निखारने की निरंतर कोशिश करनी चाहिए।

किसको बचाने के लिए किसका त्याग करें?

त्यजेदेकं कुलस्याऽर्थे ग्रामस्याऽर्थे कुलं त्यजेत्।
ग्रामं जनपदस्याऽर्थे आत्माऽर्थे पृथिवीं त्यजेत्।। 03–10

परिवार को बचाने के लिए एक व्यक्ति का, गाँव को बचाने के लिए परिवार का, जनपद को बचाने के लिए गाँव का और आत्मा को बचाने के लिए पूरे संसार का त्याग कर दें।

व्याख्या : इस श्लोक का अर्थ यह है कि हमें बड़े लक्ष्य की ख़ातिर छोटे लक्ष्यों का त्याग कर देना चाहिए, चाहे वह कितना ही मूल्यवान क्यों न दिख रहा हो।

प्रेरक विचार : जब दूरगामी हित और अल्पकालीन संतुष्टि में संघर्ष होता है, तो प्राय: लोग अल्पकालीन संतुष्टि के निर्णय लेते हैं। जैसा चाणक्य ने कहा है, हमें व्यापक हित का ध्यान रखना चाहिए, अर्थात् स्वास्थ्य की ख़ातिर स्वाद का त्याग कर दें, पढ़ाई की ख़ातिर मनोरंजन का त्याग कर दें और सफलता की ख़ातिर आलस का त्याग कर दें।

किससे क्या होता है?

उद्योगे नास्ति दारिद्र्यं जपतो नास्ति पातकम्।
मौने च कलहो नास्ति नास्ति जागरिते भयम्।। 03-11

मेहनत से ग़रीबी और जप से पाप दूर होता है। मौन रहने वाले का झगड़ा नहीं होता और जागने वाले को डर नहीं लगता।

व्याख्या : अर्थ स्वत: ही स्पष्ट है।

प्रेरक विचार : परिश्रम महत्वपूर्ण है, चाहे वह मानसिक हो या शारीरिक। अगर व्यक्ति मेहनत करने को तैयार हो, तो वह कभी ग़रीब नहीं रह सकता, क्योंकि उसके परिश्रम के बदले में दूसरे लोग उसे पैसे देने को तैयार होंगे।

अति सर्वत्र वर्जयेत्

अतिरूपेण वा सीता अतिगर्वेण रावण:।
अतिदानाद्बलिर्बद्धो अति सर्वत्र वर्जयेत्।। 03-12

अति हर जगह बुरी होती है, जैसे सीता अति सुंदर थीं, रावण अति अहंकारी था, बलि अति दानी था, जिस कारण उन सभी को कष्ट उठाना पड़ा।

व्याख्या : यानी अति से हमेशा बचना चाहिए, चाहे वह अच्छी चीज़ हो या बुरी।

प्रेरक विचार : निश्चित रूप से अति बुरी होती है, लेकिन दूसरी तरफ़, सामान्य काम करने वाले कभी मशहूर नहीं होते। सफलता अति की वजह से ही मिलती है, हालाँकि मनुष्य को दूसरे क्षेत्रों में इस अति की क़ीमत चुकानी पड़ती है, जैसे सीईओ परिवार को समय नहीं दे पाता, मैनेजर स्वास्थ्य पर ध्यान नहीं दे पाता आदि।

गुणी व्यक्ति हमेशा सफल होता है

को हि भार: समर्थानां किं दूरं व्यवसायिनाम्।
को विदेश: सुविद्यानां क: पर: प्रियवादिनाम्।। 03–13

समर्थ व्यक्ति के लिए कोई बोझ भारी नहीं होता। व्यापारी के लिए कोई जगह दूर नहीं होती। विद्वान के लिए कोई जगह परदेस नहीं होती। मीठा बोलने वाले के लिए कोई पराया नहीं होता।

व्याख्या : समर्थ व्यक्ति मुश्किल से मुश्किल काम भी कर सकता है, व्यापारी ज़्यादा मुनाफ़ा कमाने के लिए कितनी भी दूर जा सकता है, विद्वान अपनी विद्वत्ता के बल–बूते पर हर जगह अपनी धाक जमा सकता है और मीठा बोलने वाला मधुर वचनों से सबको अपना बना सकता है।

प्रेरक विचार : कामों या बोझ की शिकायत वही व्यक्ति करता है, जो उसे नहीं कर सकता या जिसमें योग्यता नहीं होती, इसलिए अगर आप सफल नहीं हैं, तो परिस्थितियों या जगह को दोष न दें। इसके बजाय अपनी क्षमता और योग्यता को बढ़ाने पर ध्यान केंद्रित करें।

संख्या नहीं, गुणवत्ता महत्वपूर्ण होती है

एकेनाऽपि सुवृक्षेण पुष्पितेन सुगन्धिना।
वासितं तद्वनं सर्वं सुपुत्रेण कुलं यथा।। 03–14

जिस तरह सुगंधित पुष्पों से लदे एक वृक्ष से पूरा वन महकता है, उसी तरह एक सुपुत्र से पूरे कुल की शोभा बढ़ती है।

व्याख्या : अर्थ स्वत: ही स्पष्ट है।

प्रेरक विचार : कभी यह न कहें, 'अकेला चना भाड़ नहीं फोड़ सकता।' इसके बजाय यह कहें, मैं अकेला ही काफ़ी हूँ। अपने गुणों, योग्यता और बुद्धि को इतना बढ़ा लें कि आपका नाम आपके क्षेत्र में सर्वश्रेष्ठ बन जाए।

एक कुपुत्र पूरे परिवार को मिटा सकता है

एकेन शुष्कवृक्षेण दह्यमानेन वह्निना।
दह्यते तद्वनं सर्वं कुपुत्रेण कुलं यथा।। 03–15

जिस तरह एक सूखे वृक्ष में आग लगने से पूरा जंगल जल जाता है, उसी तरह एक कुपुत्र से पूरा परिवार जल जाता है।

व्याख्या : अर्थ स्वत: ही स्पष्ट है।

प्रेरक विचार : एक ग़लत व्यक्ति सबके पतन का कारण बन सकता है, इसलिए अपने संगी-साथियों को सावधानी से चुनें और अपने कर्मचारियों को भी, क्योंकि एक भी ग़लत कर्मचारी अपने बुरे कामों से आपकी कंपनी की प्रतिष्ठा को मिटा सकता है।

सुपुत्र परिवार का नाम रोशन करता है

एकेनाऽपि सुपुत्रेण विद्यायुक्तेन साधुना।
आह्लादितं कुलं सर्व यथा चन्द्रेण शर्वरी।। 03–16

जिस प्रकार अकेला चंद्रमा अँधेरी रात की शोभा बढ़ा देता है, उसी तरह एक ज्ञानी पुत्र पूरे खानदान को सुखी करता है।

व्याख्या : इस श्लोक में भी पहले वाले श्लोक का ही भाव है, जिसमें बताया गया है कि अनेक मूर्ख पुत्रों की अपेक्षा एक ज्ञानी पुत्र का होना श्रेयस्कर है, क्योंकि वह पूरे खानदान के यश, गौरव और शोभा को बढ़ा देता है।

प्रेरक विचार : आपका कार्यक्षेत्र चाहे जो हो, उसमें योग्य, ज्ञानी और अनुभवी बनें, ताकि आप समाज के लिए उपयोगी बनें और अपने साथ-साथ अपने परिवार का नाम भी रोशन करें।

ज़्यादा नहीं, अच्छे पर ध्यान दें

किं जातैर्बहुभिः पुत्रैः शोकसन्तापकारकैः।
वरमेकः कुलाऽलम्बी यत्र विश्राम्यते कुलम्।। 03–17

दुख और कष्ट पहुँचाने वाले कई पुत्र होने से क्या फ़ायदा? इससे तो कुल को सहारा, विश्राम और सुख-शांति देने वाला एक पुत्र बेहतर है।

व्याख्या : अर्थ स्वतः ही स्पष्ट है।

प्रेरक विचार : संख्या के बजाय गुणवत्ता को महत्व दें। कई मित्रों का क्या लाभ, यदि वे कष्ट में साथ न दें और आपको नीचा दिखाना चाहते हों? इससे बेहतर यह है कि आपका एक ही मित्र हो, जो हर समय आपका साथ देने के लिए तत्पर हो।

पुत्र के साथ कैसा बरताव करें?

लालयेत्पञ्चवर्षाणि दशवर्षाणि ताडयेत्।
प्राप्ते तु षोडशे वर्षे पुत्रे मित्रवदाचरेत्।। 03–18

पाँच साल की उम्र तक पुत्र से लाड़-प्यार करें। इसके बाद पंद्रह साल की उम्र तक उसे ताड़ना या अनुशासन से सिखाएँ। फिर सोलह साल की उम्र से उसके साथ मित्र जैसा व्यवहार करें।

व्याख्या : अर्थ स्वत: ही स्पष्ट है।

प्रेरक विचार : यह विचार लीडर के लिए बहुत महत्वपूर्ण है। सबसे पहले तो भावनात्मक बंधन और प्रगाढ़ता बनाएँ, ताकि अधीनस्थ को विश्वास हो जाए कि आप उससे प्रेम करते हैं। फिर दूसरी अवस्था में कठोर प्रशिक्षण दें। और जब उसका प्रशिक्षण पूरा हो जाए तथा वह योग्य बन जाए, तो उसके साथ लीडर की तरह व्यवहार करें, क्योंकि अब वह लीडर बन चुका है।

आत्मरक्षा के लिए इनसे दूर चले जाएँ

उपसर्गेऽन्यचक्रे च दुर्भिक्षे च भयावहे।
असाधुजनसम्पर्के य: पलायति स जीवति।। 03–19

भीषण आपदा या उपद्रव, शत्रु के आक्रमण, भयंकर अकाल और दुष्ट लोगों की सोहबत से दूर जाने वाला व्यक्ति सुरक्षित और जीवित रहता है।

व्याख्या : अर्थ यह है कि जब प्राकृतिक आपत्तियाँ आएँ, दंगे-फ़साद का माहौल हो, शत्रु सेना हमला कर दे, भीषण अकाल पड़ जाए और दुष्ट लोगों की संगत बढ़ रही हो, तो व्यक्ति को आत्मरक्षा के लिए उस जगह से दूर चले जाना चाहिए।

प्रेरक विचार : मनुष्य को हमेशा परिस्थितियों से लड़ने की ज़रूरत नहीं होती; कई बार जगह को छोड़ना बेहतर विकल्प होता है। दुष्ट लोगों से यथासंभव दूर रहें। दुर्भाग्यवश यदि आपके परिवेश में दुष्ट लोगों की भरमार हो, तो उस परिवेश को छोड़ना ही उचित नीति है।

जिसने इसे प्राप्त नहीं किया, उसका जीवन व्यर्थ है

धर्मार्थकाममोक्षाणां यस्यैकोऽपि न विद्यते।
जन्म-जन्मनि मर्त्येषु मरणं तस्य केवलम्।। 03-20

जिसने भी धर्म (विद्या व नीतिज्ञान), अर्थ (संपन्नता), काम (इच्छाओं की संतुष्टि) और मोक्ष (निवृत्ति व मुक्ति) के चार पुरुषार्थों में से एक भी प्राप्त नहीं किया, उसका जन्म व्यर्थ है।

व्याख्या : धर्म, अर्थ, काम और मोक्ष मनुष्य जीवन के चार पुरुषार्थ हैं। अगर इनमें से एक भी न मिले, तो मानव योनि में जन्म लेने का क्या लाभ और ऐसे जीवन की क्या सार्थकता?

प्रेरक विचार : मनुष्य को धन कमाने की कोशिश करनी चाहिए, लेकिन यह न भूलें कि पुरुषार्थों की सूची में धर्म का स्थान धन से ऊपर है, यानी मनुष्य को धर्म का पालन करते हुए ही धन कमाना चाहिए।

ऐसे घरों में लक्ष्मी माता स्वयं आती हैं

मूर्खा यत्र न पूज्यन्ते धान्यं यत्र सुसंचितम्।
दाम्पत्ये कलहो नास्ति तत्र श्रीः स्वयमागता।। 03-21

जहाँ मूर्खों का सम्मान नहीं होता, जहाँ अनाज का भंडार भरा रहता है, जहाँ पति-पत्नी के बीच कलह नहीं होता, वहाँ लक्ष्मी माता स्वयं आकर निवास करती हैं।

व्याख्या : अर्थ स्वत: ही स्पष्ट है।

प्रेरक विचार : युवाओं को उसी कंपनी में नौकरी करनी चाहिए, जहाँ योग्यता की क़द्र होती हो, क्योंकि तभी वह अपनी योग्यता के बूते पर तरक्की कर पाएगा।

रोचक प्रसंग

एक बार चाणक्य जंगल में जा रहे थे, तभी वे घास में उलझकर गिर गए। उस तरह की घास को जड़ से उखाड़ना मुश्किल होता था, इसलिए लोग उसे उखाड़ने की जहमत नहीं उठाते थे, लेकिन चाणक्य को उस घास पर बहुत गुस्सा आ रहा था। चंद्रगुप्त भी उनके साथ थे। उन्हें लगा कि उनके गुरु शायद इस घास को उखाड़ने की कोशिश करेंगे, लेकिन उन्होंने हैरानी से चाणक्य को उस घास पर शकर का पानी डालते देखा।

जब चंद्रगुप्त ने पूछा कि जिस घास ने आपको गिराया, आप उस पर शकर का पानी क्यों डाल रहे हैं, तो चाणक्य ने जवाब दिया कि वे घास की जड़ को मीठा बना रहे हैं, ताकि चींटियाँ उसे नष्ट कर दें।

जब चंद्रगुप्त ने उनसे पूछा कि वे प्रतिशोध के लिए घास को नष्ट क्यों कर रहे हैं, तो चाणक्य ने जवाब दिया कि हानिकारक चीज़ों को हटाना समाज के प्रति हर व्यक्ति का कर्तव्य है और अगर राजा अधर्म पर चले, तो वे उसे भी हटाने का प्रयास करेंगे। चाणक्य की बुद्धिमत्ता और दूरदर्शिता देखकर चंद्रगुप्त दंग रह गए।

अध्याय 4

ये पाँच चीज़ें गर्भावस्था से ही तय होती हैं

आयुः कर्म च वित्तं च विद्या निधनमेव च।
पञ्चैतानि हि सृज्यन्ते गर्भस्थस्यैव देहिनः।। 04-01

आयु, कारोबार-रोज़गार, धन-संपत्ति, विद्या और मृत्यु - ये पाँच चीज़ें हर मनुष्य के भाग्य में गर्भावस्था में ही लिख दी जाती हैं।

व्याख्या : इस श्लोक में बताया गया है कि मनुष्य के जीवन की सबसे महत्वपूर्ण बातें उसके जन्म से पहले ही तय हो जाती हैं। यह प्रारब्ध तय करने में उसके पूर्व जन्मों के कर्म निर्णायक भूमिका निभाते हैं।

प्रेरक विचार : प्रारब्ध पर विश्वास करने वालों और जीवन में कष्ट उठाने वालों के लिए यह उपयुक्त सांत्वना है कि तुम इसलिए ज़्यादा नहीं कमा रहे हो, क्योंकि तुम्हारी क़िस्मत में इतना ही पैसा है। यह श्लोक इंसान को शत-प्रतिशत भाग्यवादी बना सकता है, लेकिन सफल लोग इस मानसिकता से काम करते हैं कि वे अपने कर्मों से अपनी तक़दीर को बदल सकते हैं।

सही लोगों का अनुसरण करें

साधुभ्यस्ते निवर्तन्ते पुत्रमित्राणि बान्धवाः।
ये च तैः सह गन्तारस्तद्धर्मात्सुदृतं कुलम्।। 04-02

पुत्र, मित्र और रिश्तेदार साधु-संतों या सज्जनों से दूर भागते हैं, लेकिन उनका अनुसरण करने से मनुष्य का पूरा कुल धन्य हो जाता है।

व्याख्या : लोगों को लगता है कि सज्जन लोगों के पास देने के लिए कुछ नहीं है, इसलिए वे स्वार्थवश उनसे दूर रहते हैं। लेकिन साधु-संत जीवन जीने की अमूल्य नीति सिखाते हैं। साधु व्यक्ति की बताई राह पर चलकर अनजान लोग लाभ उठाते हैं तथा अपने साथ-साथ अपने परिवार को भी धन्य करते हैं।

प्रेरक विचार : सज्जन सही सलाह, परामर्श और मार्गदर्शन देते हैं। अच्छे लोगों के साथ रहने पर आप भी अच्छे बनेंगे, जिससे आप अच्छे काम करेंगे और आपकी कीर्ति व यश बढ़ेगा।

सज्जनों की संगति लाभकारी है

दर्शनध्यानसंस्पर्शैर्मत्सी कूर्मी च पक्षिणी।
शिशुं पालयते नित्यं तथा सज्जनसंगतिः।। 04-03

मछली देखकर, मादा कछुआ ध्यान देकर और चिड़िया स्पर्श करके संतान को पालती है। इसी तरह सज्जन लोग भी अपने साथ वालों को देखकर, ध्यान देकर और स्पर्श करके पोषण देते हैं।

व्याख्या : सज्जन लोग अपने साथ रहने वालों पर नज़र रखते हैं, ध्यान रखते हैं और स्पर्श करते हैं, इस तरह वे उन्हें पोषण देते हैं और मुसीबत या ग़लत आदतों में नहीं पड़ने देते।

प्रेरक विचार : मानव मस्तिष्क की संरचना ही ऐसी है कि हम अपनी ग़लतियों या अपने कामों के भावी बुरे परिणामों को ख़ुद नहीं देख पाते। उन्हें दूसरा व्यक्ति ही देख सकता है, इसलिए हम सभी को अच्छे लोगों की सोहबत में रहना चाहिए, ताकि हमें समुचित पोषण और मार्गदर्शन मिल सके।

समय रहते काम कर लें

यावत्स्वस्थो ह्ययं देहो यावन्मृत्युश्च दूरतः।
तावदात्महितं कुर्यात्प्राणान्ते किं करिष्यति।। 04–04

जब आपका शरीर स्वस्थ और मृत्यु दूर है, तभी अपनी आत्मा को बचाने के लिए पुण्य कर्म कर लें, क्योंकि मृत्यु के निकट आने पर आप पछताने के सिवा कुछ नहीं कर पाएँगे।

व्याख्या : अर्थ स्वतः ही स्पष्ट है।

प्रेरक विचार : मनुष्य हमेशा सोचता है कि उसके पास जीवन में बहुत समय है, इस वजह से वह अच्छे कामों में टालमटोल करता है, लेकिन वास्तविकता में मनुष्य के पास जीवन में बहुत सीमित समय होता है, इसलिए उसे अच्छे कामों में विलंब नहीं करना चाहिए।

ज्ञान गुप्त धन है

कामधेनुगुणा विद्या ह्यकाले फलदायिनी।
प्रवासे मातृसदृशी विद्या गुप्तं धनं स्मृतम्।। 04–05

विद्या कामधेनु की तरह हर इच्छा पूरी करती है और प्रवास में माँ की तरह रक्षा करती है, इसीलिए विद्या को गुप्त धन कहा जाता है।

व्याख्या : विद्या यानी योग्यता से आप सीधे इच्छाएँ पूरी नहीं कर सकते, लेकिन आप इससे धन कमा सकते हैं और उस धन से अपनी इच्छाएँ पूरी

कर सकते हैं, इसीलिए विद्या को छिपा हुआ धन कहा गया है, यानी इसे धन में बदला जा सकता है या इससे धन कमाया जा सकता है।

प्रेरक विचार : विद्या यानी योग्यता पर ध्यान केंद्रित करें, क्योंकि यही आपकी रक्षा करेगी, आपकी हर इच्छा पूरी करेगी, आपकी प्रगति में योगदान देगी और आपको यशस्वी बनाएगी। इसे बढ़ाते रहें और कभी आत्म-संतुष्ट न हों।

गुणवान पुत्र चंद्रमा जैसा होता है

एकोऽपि गुणवान्पुत्रो निर्गुणेन शतेन किम्।
एकश्चन्द्रस्तमो हन्ति न च ताराः सहस्त्रशः।। 04-06

एक गुणवान पुत्र सौ गुणहीन पुत्रों से श्रेष्ठ है, क्योंकि रात का अंधकार हज़ार तारों से नहीं, बल्कि अकेले चंद्रमा से दूर होता है।

व्याख्या : पिछले अध्याय में भी इसी भाव वाले श्लोक आ चुके हैं।

प्रेरक विचार : इस श्लोक से आप यह प्रेरक विचार ग्रहण कर सकते हैं कि अगर आपके पास सिर्फ़ एक श्रेष्ठ योग्यता है, तो सफल होने के लिए बस इतना ही काफ़ी है। यह कभी न भूलें कि सौ साधारण योग्यताएँ आपको उतना सफल नहीं बना सकतीं, जितना कि एक असाधारण योग्यता बना सकती है।

मूर्ख पुत्र से मरा पुत्र बेहतर है

मूर्खश्चिरायुर्जातोऽपि तस्माज्जातमृतो वरः।
मृतः स चाल्पदुःखाय यावज्जीवं जडो दहेत्।। 04-07

मूर्ख पुत्र के दीर्घायु होने से उसका पैदा होते ही मर जाना ज़्यादा अच्छा है, क्योंकि नवजात पुत्र के मरने पर सिर्फ़ एक ही बार दुख होता है, जबकि दीर्घायु मूर्ख पुत्र जीवन भर दुख की अग्नि में जलाता रहता है।

व्याख्या : अर्थ स्वतः ही स्पष्ट है।

प्रेरक विचार : मूर्खता सिर्फ़ मूर्ख मनुष्य के लिए ही नहीं, बल्कि पूरे परिवार के लिए दुख का कारण होती है, इसलिए हमें मूर्खों से दूर रहना चाहिए।

ये छह चीज़ें इंसान को दुखी करती रहती हैं

कुग्रामवासः कुलहीनसेवा कुभोजनं क्रोधमुखी च भार्या।
पुत्रश्च मूर्खो विधवा च कन्या विनाग्निना षट्प्रदहन्ति कायम्।। 04-08

ख़राब इलाक़े में रहना, घटिया लोगों की सेवा, ख़राब आहार, बुरा बोलने वाली क्रोधी पत्नी, मूर्ख पुत्र और विधवा कन्या - ये छह चीज़ें बिना आग के ही मनुष्य को जलाती रहती हैं।

व्याख्या : अर्थ स्वतः ही स्पष्ट है।

प्रेरक विचार : बुरा भोजन छोड़ना और अच्छा भोजन करना आपके हाथ में है। इस संदर्भ में आप यह नियम बना सकते हैं कि सप्ताह में छह दिन बाहर की कोई चीज़ नहीं खाएँगे। या फिर यह कि आप हर दिन पाँच फल-सब्ज़ियाँ खाएँगे। या फिर यह कि आप हर दिन पाँच लीटर पानी पिएँगे। नियम आप चाहे जो बनाएँ, बस यह सुनिश्चित करें कि आप उसका पूरी तरह पालन करें।

ऐसा पुत्र किस काम का?

किं तया क्रियते धेन्वा या न दोग्ध्री न गर्भिणी।
कोऽर्थः पुत्रेण जातेन यो न विद्वान् न भक्तिमान्।। 04-09

गाय अगर दुधारू या गर्भिणी नहीं है, तो क्या फ़ायदा? इसी तरह अगर पुत्र विद्वान या भक्त नहीं है, तो उसके जन्म का क्या फ़ायदा?

व्याख्या : अर्थ स्वतः ही स्पष्ट है।

प्रेरक विचार : आपके जीवन की क्या उपयोगिता है? विद्वान मनुष्य अपनी समस्याओं को तो सुलझाता ही है, अपने आस-पास वालों और समाज की समस्याओं को भी सुलझाता है। वह दूसरों को लाभ पहुँचाता है तथा प्रेरित करता है। अगर आप किसी को लाभ नहीं पहुँचा रहे हैं, तो आपका जीवन निरर्थक है।

ये तीन चीज़ें मुश्किल में शांति देती हैं

संसारतापदग्धानां त्रयो विश्रान्तिहेतवः।
अपत्यं च कलत्रं च सतां संगतिरेव च।। 04-10

संसार की मुश्किलों में जलने वाले मनुष्य को सिर्फ़ तीन चीज़ों से शांति मिलती है : अच्छी संतान, पतिव्रता पत्नी और अच्छे लोगों की सोहबत।

व्याख्या : अर्थ स्वत: ही स्पष्ट है।

प्रेरक विचार : मुश्किलें हर एक के जीवन में आती हैं, इसलिए शांत रहने के लिए अच्छे लोगों के साथ रहें, क्योंकि उनकी अच्छी बातों, प्रेरक विचारों व प्रोत्साहन से आपको तसल्ली मिलेगी। अच्छे मित्र आपको सही राह दिखाते हैं और सही दिशा में प्रेरित करते हैं।

ये तीन चीज़ें एक ही बार होनी चाहिए

सदृज्जल्पन्ति राजानः सदृज्जल्पन्ति पण्डिताः।
सदृत्कन्याः प्रदीयन्ते त्रीण्येतानि सदृत्सदृत्।। 04-11

ये तीन चीज़ें एक ही बार होनी चाहिए : राजा की आज्ञा, विद्वान का कथन और कन्यादान का वचन।

व्याख्या : राजा के मुँह से निकला वाक्य आदेश होना चाहिए, जिसका सभी पालन करें। इसी तरह विद्वान व्यक्ति सोच-समझकर बोलता है,

इसलिए उसे दोबारा बोलने की ज़रूरत नहीं होती। इसी तरह कन्या के विवाह का जहाँ वचन दिया हो, वहीं करना चाहिए। इन तीनों चीज़ों को बार-बार दोहराने से इनका प्रभाव कम हो जाता है।

प्रेरक विचार : किसी को बार-बार कोई बात समझाने, अपना दृष्टिकोण मनवाने या उसकी मान्यताएँ छुड़वाने का प्रयास न करें। बार-बार समझाने से संबंध बिगड़ते हैं और मज़े की बात यह है कि इसके बावजूद सामने वाला नहीं समझता है।

किस काम में कितने लोग होने चाहिए?

एकाकिना तपो द्वाभ्यां पठनं गायनं त्रिभिः।
चतुर्भिर्गमनं क्षेत्रं पञ्चभिर्बहुर्भिरणः।। 04-12

तपस्या में एक, अध्ययन में दो, गायन में तीन, यात्रा में चार, खेती में पाँच और युद्ध में ज़्यादा से ज़्यादा लोग श्रेष्ठ होते हैं।

व्याख्या : यानी काम की प्रकृति के हिसाब से व्यक्तियों की आदर्श संख्या बदलती रहती है।

प्रेरक विचार : किसी काम के लिए कितने लोग श्रेष्ठ हैं, यह तय करना बहुत महत्वपूर्ण है। प्रायः ऑफ़िस में बनने वाली कमेटियों में अनावश्यक लोगों को रख दिया जाता है, जिससे सबका मनोबल कम होता है और टीम भावना नहीं बन पाती।

आदर्श पत्नी कैसी होती है?

सा भार्या या शुचिर्दक्षा सा भार्या या पतिव्रता।
सा भार्या या पतिप्रीता सा भार्या सत्यवादिनी।। 04-13

पत्नी वही है, जो साफ़-सफाई में कुशल हो, पतिव्रता हो, पति से प्रेम करती हो और सच बोलती हो।

व्याख्या : अर्थ स्वत: ही स्पष्ट है।

प्रेरक विचार : सोचें कि आपकी भूमिका के अनुसार आपमें कौन से श्रेष्ठ गुण होने चाहिए।

किसके बिना क्या सूना है?

अपुत्रस्य गृहं शून्यं दिशः शून्यास्त्वबान्धवाः।
मूर्खस्य हृदयं शून्यं सर्वशून्या दरिद्रता।। 04–14

जिसका पुत्र नहीं है, उसके लिए घर सूना है। जिसके रिश्तेदार नहीं हैं, उसके लिए सारी दिशाएँ सूनी हैं। मूर्ख का हृदय सूना है और ग़रीब व्यक्ति के लिए तो सब कुछ सूना है।

व्याख्या : यानी ग़रीबी सबसे बड़ा अभिशाप है।

प्रेरक विचार : ग़रीबी इसलिए अभिशाप है, क्योंकि ग़रीब आदमी अपनी इच्छाएँ पूरी नहीं कर सकता, यहाँ तक कि अपनी ज़रूरतें पूरी करने के लिए भी दूसरों का मोहताज रहता है। ग़रीबी आपके गुणों को सामने नहीं आने देती और लोग आपका मज़ाक़ उड़ाते हैं तथा अपमान करते हैं। इसलिए ग़रीबी को मिटाने की कोशिश करें।

कौन सी चीज़ें विष जैसी हैं?

अनभ्यासे विषं शास्त्रमजीर्णे भोजनं विषम्।
दरिद्रस्य विषं गोष्ठी वृद्धस्य तरुणी विषम्।। 04–15

अभ्यास के बिना शास्त्र, बदहज़मी में भोजन, ग़रीब व्यक्ति के लिए सभा-समारोह और प्रौढ़ मनुष्य के लिए युवा पत्नी विष जैसे हैं।

व्याख्या : ज्ञान निरंतर अध्ययन, अभ्यास और अमल की बदौलत ही क़ायम रह सकता है। सामान्यत: भोजन अमृत जैसा होता है, लेकिन अपच

में नुक़सानदेह बन जाता है। ग़रीब व्यक्ति सभा या समारोह में अच्छे वस्त्र-आभूषण पहनकर नहीं जा सकता और अच्छे उपहार नहीं दे सकता, जिस वजह से उसका अपमान होता है, इसलिए वह सभा-समारोह में जाने से घबराता है। बुढ़ापे में भोग की शक्ति नहीं रहती है, इसलिए बूढ़े मनुष्य के लिए युवा पत्नी विष जैसी होती है, क्योंकि वह उसके भोग की अपनी अक्षमता पर बार-बार पछताता है और उसे दूसरों से सुरक्षित रखने के बारे में चिंतित रहता है।

प्रेरक विचार : अगर आपमें योग्यता है, लेकिन आप उसका अभ्यास नहीं करते हैं, तो वह योग्यता किस काम की? ध्यान रहे, मनुष्य जिस मांसपेशी का इस्तेमाल नहीं करता है, वह कमज़ोर हो जाती है। यही बात योग्यता या बुद्धि पर भी लागू होती है।

इन लोगों को त्याग दें

त्यजेद्धर्मं दयाहीनं विद्याहीनं गुरुं त्यजेत्।
त्यजेत्क्रोधमुखीं भार्यां निःस्नेहान्बान्धवांस्त्यजेत्।। 04-16

जिस धर्म में दया न हो, जिस गुरु में विद्या न हो, जो पत्नी क्रोधित वचन बोलती हो और जो रिश्तेदार स्नेह न करते हों, उन्हें त्याग दें।

व्याख्या : अर्थ स्वत: ही स्पष्ट है।

प्रेरक विचार : मीठे लहज़े में मीठे वचन बोलना लोकप्रिय होने का अचूक तरीक़ा है।

किस चीज़ से बुढ़ापा जल्दी आता है?

अध्वा जरा देहवतां वाजिनां बंधनं जरा।
अमैथुनं जरा स्त्रीणां वस्त्राणामातपो जरा।। 04–17

ज़्यादा यात्रा करने से शरीर जल्दी बूढ़ा होता है, हमेशा बाँधकर रखने से घोड़े जल्दी बूढ़े होते हैं, मैथुन न करने से स्त्री जल्दी बूढ़ी होती है और धूप में रहने से पोशाक जल्दी बूढ़ी होती है।

व्याख्या : अर्थ स्वतः ही स्पष्ट है।

प्रेरक विचार : यात्रा में हमारी सामान्य दिनचर्या क़ायम नहीं रह पाती है, हमें पोषक आहार समय पर नहीं मिल पाता है, हमें थकान होती है, हमारी नींद पूरी नहीं होती है, समय पर खाना–सोना संभव नहीं हो पाता है, इसलिए यात्रा के दौरान स्वास्थ्य के बारे में विशेष सावधान रहें, ख़ास तौर पर आहार, व्यायाम और नींद के संदर्भ में।

काम करते समय इन छह चीज़ों का ध्यान रखें

कः कालः कानि मित्राणि को देशः कौ व्ययाऽगमौ।
कश्चाहं का च मे शक्तिरिति चिन्त्यं मुहुर्मुहुः।। 04–18

समय, मित्रों, स्थान, ख़र्च, इच्छित वस्तु, शक्ति के स्त्रोत पर बार–बार विचार करने के बाद ही कोई काम करें।

व्याख्या : अर्थात् मनुष्य को देश, काल और परिस्थिति के हिसाब से काम करना चाहिए।

प्रेरक विचार : समग्र विचार करने के बाद ही काम करना उचित होता है। यानी आपका लक्ष्य क्या है अथवा आप क्या चाहते हैं? क्या उसके लिए समय और स्थान अनुकूल है? उसमें कितना ख़र्च होगा और आपके पास

कितना पैसा है? आपकी शक्ति के स्त्रोत क्या हैं और कौन सी बाधाएँ आ सकती हैं? इन सब बातों पर विचार करना ज़रूरी है। यानी आपको सफलता तभी मिलेगी, जब आपके पास एक स्पष्ट लक्ष्य और योजना होगी।

ये पाँच पिता समान हैं

जनिता चोपनेता च यस्तु विद्यां प्रयच्छति।
अन्नदाता भयत्राता पंचैते पितरः स्मृताः।। 04–19

इन पाँचों को पिता मानें : जन्म देने वाला, उपनयन संस्कार करने वाला, विद्या देने वाला, अन्नदाता और अभयदान देने वाला।

व्याख्या : अर्थ स्वतः ही स्पष्ट है।

प्रेरक विचार : कृतज्ञ बनें। जो हमारे लिए कुछ करता है, उसका आभार मानें और व्यक्त करें।

ये पाँच माँ समान हैं

राजपत्नी गुरोः पत्नी मित्रपत्नी तथैव च।
पत्नीमाता स्वमाता च पंचैता मातरः स्मृताः।। 04–20

इन पाँचों को माँ मानें : राजा की पत्नी, गुरु की पत्नी, मित्र की पत्नी, पत्नी की माँ और स्वयं की माँ।

व्याख्या : अर्थ स्वतः ही स्पष्ट है।

प्रेरक विचार : पराई स्त्री पर नज़र न डालें, क्योंकि इससे आचरण ख़राब होता है, कलह होता है, समय बरबाद होता है, अनावश्यक पैसे ख़र्च होते हैं और छवि भी ख़राब होती है।

देवता किसे कहाँ दिखते हैं?

अग्निर्देवो द्विजातीनां मुनीनां हृदि दैवतम्।
प्रतिमा स्वल्पबुद्धीनां सर्वत्र समदर्शिन:।। 04–21

ब्राह्मण अग्नि को देवता मानते हैं, मुनि ईश्वर को अपने हृदय में देखते हैं, अल्पबुद्धि ईश्वर को मूर्ति में देखते हैं और बुद्धिमान व्यक्ति ईश्वर को हर जगह, हर जीव में देखते हैं।

व्याख्या : अर्थ स्वत: ही स्पष्ट है।

प्रेरक विचार : जो भी मनुष्य करियर या व्यवसाय में तरक्की करना चाहता है, वह अक्सर यही सवाल पूछता है, अवसर कहाँ हैं? देखिए, अवसर तो हर जगह हैं, लेकिन यह आपके दृष्टिकोण और बुद्धि पर निर्भर करता है कि आप उन्हें कहाँ देखते हैं। जैसा रसेल कॉनवेल ने अपनी पुस्तक 'एकर्स ऑफ़ डायमंड्स' (हीरों की खान) में बताया है, अवसर ठीक वहीं पर होते हैं, जहाँ आप हैं, लेकिन अपने सीमित दृष्टिकोण की वजह से आप उन्हें नहीं देख पाते हैं।

रोचक प्रसंग

चाणक्य ने धनानंद से बदला लेने का प्रण लिया था, इसलिए उन्होंने चंद्रगुप्त मौर्य को शिक्षा, राजनीति और युद्ध कौशल का गहन प्रशिक्षण दिया। उनके पास कोई संगठित सेना नहीं थी, इसलिए उन्होंने आदिवासियों और गाँव वालों की सेना बनाकर मगध की राजधानी पाटलिपुत्र पर हमला कर दिया। पहले हमले में चाणक्य और चंद्रगुप्त हार गए, लेकिन उन्होंने हौसला नहीं खोया।

चाणक्य जब एक कुटिया के पास पहुँचे, तो उन्होंने देखा कि वहाँ एक बच्चा खिचड़ी खा रहा था और खिचड़ी ज़्यादा गर्म होने के कारण उसका हाथ जल गया।

माँ ने बच्चे को डाँटा, 'तू भी चाणक्य की तरह मूर्ख है, जो सीधे बीच थाली में हाथ डाल दिया। बीच में सबसे ज़्यादा गरम रहता है और किनारे की तरफ़ ठंडा रहता है, वहाँ से खाना चाहिए था।' यह वाक्य सुनकर चाणक्य की आँखें खुल गई और उन्हें अपनी ग़लती का अहसास हो गया।

चाणक्य ने उस माँ के चरण स्पर्श करके अपना आभार व्यक्त किया, क्योंकि उन्होंने उससे यह सबक़ सीख लिया था कि पहले दूर के गाँवों पर हमला करके उन्हें जीतें और बाद में राजधानी पर हमला करें।

इस नीति पर चलकर चाणक्य ने मगध को जीत लिया और धनानंद को परास्त कर दिया। यानी अगर हम सीखने को तैयार हों, तो हम किसी भी घटना से सीख सकते हैं।

अध्याय पाँच

गुरु कौन है?

गुरुरग्निर्द्विजातीनां वर्णानां ब्राह्मणो गुरुः।
पतिरेव गुरुः स्त्रीणां सर्वस्याऽभ्यागतो गुरुः।। 05-01

ब्राह्मणों का गुरु अग्निहोत्र है, अन्य वर्णों का गुरु ब्राह्मण है, स्त्री का गुरु पति है और अतिथि सबका गुरु है।

व्याख्या : शिक्षा-दीक्षा व यज्ञ-हवन आदि ही ब्राह्मणों के मुख्य कार्य हैं। वे अन्य लोगों के गुरु इसलिए हैं, क्योंकि वही सबको ज्ञान व विद्या सिखाते हैं। स्त्री का गुरु पति इसलिए है, क्योंकि वह उसे भले-बुरे की उचित सलाह देकर सही मार्ग पर ले जाता है। अतिथि को गुरु इसलिए माना गया है, क्योंकि उसका आदर-सत्कार करना हर व्यक्ति का धर्म है।

प्रेरक विचार : गुरु बहुत महत्वपूर्ण होता है, क्योंकि वह उचित मार्गदर्शन देता है और तेज़ी से तरक्की का मार्ग बताता है। लेकिन ध्यान रहे, अपना कोच उसी को बनाएँ, जो उस क्षेत्र में आपसे आगे हो। कभी किसी मोटे व्यक्ति को अपना डाइटिंग कोच न बनाएँ।

इंसान की परख के चार तरीक़े

यथा चतुर्भिः कनकं परीक्ष्यते
निघर्षणच्छेदनतापताडनैः।

तथा चतुर्भिः पुरुषः परीक्ष्यते
त्यागेन शीलेन गुणेन कर्मणा।। 05–02

सोने को चार तरीक़ों से परखा जाता है : घिसना, काटना, तपाना और पीटना। त्याग भाव, आचरण, गुण और कर्म पुरुष की चार कसौटियाँ हैं।

व्याख्या : अर्थ स्वतः ही स्पष्ट है।

प्रेरक विचार : अगर आप अच्छे काम करते हैं और सफल होना चाहते हैं, तो प्रकृति या सृष्टि क्या करती है? यह आपकी परीक्षा लेने के लिए आपकी राह में विपत्तियाँ भेजती है। वास्तव में प्रकृति सिर्फ़ आपके हौसले की परीक्षा ले रही है, जिस तरह कोई सुनार सोने को ताड़ना देकर परखता है।

अपने डर से लड़ें

तावद्भयेषु भेतव्यं यावद्भयमनागतम्।
आगतं तु भयं वीक्ष्य प्रहर्तव्यमशङ्कया।। 05–03

जिस चीज़ के होने का डर था, अगर वह हो जाए, तो डरना छोड़कर उससे छुटकारा पाने की भरसक कोशिश करें।

व्याख्या : अर्थ स्वतः ही स्पष्ट है।

प्रेरक विचार : हमें पूरी ताक़त से मुसीबत या मुश्किलों से मुक़ाबला करना चाहिए।

हर व्यक्ति अलग होता है

एकोदरसमुद्भूता एकनक्षत्रजातका:।
न भवन्ति समा: शीले यथा बदरिकण्टका:।। 05–04

एक ही कोख से और एक ही नक्षत्र में जन्म लेने वाले व्यक्तियों के गुण, स्वभाव और चरित्र समान नहीं होते, जिस तरह बेर के पेड़ पर बेर भी लगते हैं और काँटे भी।

व्याख्या : अर्थ स्वत: ही स्पष्ट है।

प्रेरक विचार : हर व्यक्ति भिन्न होता है और हर व्यक्ति के गुण, कर्म, स्वभाव तथा आचरण भिन्न होते हैं। लोक-व्यवहार में यह याद रखना बहुत फ़ायदेमंद होता है, क्योंकि तब आप हर एक से आदर्श व्यवहार की उम्मीद नहीं करेंगे।

कौन व्यक्ति क्या नहीं कर सकता?

नि:स्पृहो नाऽधिकारी स्यान्नकामी मण्डनप्रिय:।
नाऽविदग्ध: प्रियं ब्रूयात्स्पष्टवक्ता न वंचक:।। 05–05

विरक्त व्यक्ति में अधिकार या आसक्ति नहीं होती, कामरहित व्यक्ति श्रृंगार नहीं करता, मूर्ख मधुरभाषी नहीं होता और स्पष्टवक्ता कभी धोखा नहीं देता।

व्याख्या : यानी व्यक्ति के चरित्र के अनुरूप ही उसका मनोभाव होता है और उसी अनुरूप उसके कार्य होते हैं।

प्रेरक विचार : स्पष्टवक्ताओं के आस-पास रहें, क्योंकि हालाँकि उनकी स्पष्ट या खरी बातें सुनने में तो बुरी लगती हैं, लेकिन उनका उद्देश्य हमारा हित करना होता है, हमें धोखा देना नहीं होता।

कौन किससे द्वेष करता है?

मूर्खाणां पण्डिता द्वेष्या अधनानां महाधना:।
वारांगना: कुलस्त्रीणां सुभगानां च दुर्भगा:।। 05–06

मूर्ख बुद्धिमानों से, ग़रीब अमीरों से, वेश्याएँ कुलवधुओं से और विधवाएँ सुहागनों से द्वेष करती हैं।

व्याख्या : आशय यह है कि जिसके पास जिस चीज़ की कमी होती है, वह दूसरे के पास उस चीज़ को देखकर उससे जलने लगता है अर्थात् अभावग्रस्त लोग ही दूसरों से जलते हैं।

प्रेरक विचार : अगर लोग आपसे द्वेष करते हैं, तो इसका बुरा न मानें। इसे सहज मानव स्वभाव मानें। ईर्ष्या इस बात की निशानी है कि आप तरक्की कर रहे हैं और सामने वाले से आगे हैं।

इनसे ये नष्ट होते हैं

आलस्योपहता विद्या परहस्तगतं धनम्।
अल्पबीजं हतं क्षेत्रं हतं सैन्यमनायकम्।। 05–07

आलस के कारण विद्या, दूसरे के पास जाने से धन, कम बीज डालने से खेती और सेनापति के न रहने पर सेना नष्ट हो जाती है।

व्याख्या : अर्थ स्वत: ही स्पष्ट है।

प्रेरक विचार : आलस न करें। आप चाहे कितने ही निपुण क्यों न हों, आपके कर्म ही आपको सफल बनाते हैं। अपने क्षेत्र में कर्म के ज़्यादा से ज़्यादा बीज बोएँ, वरना आपको सफलता की मनचाही फ़सल नहीं मिल पाएगी।

संकेतों को पहचानें

अभ्यासाद्धार्यते विद्या कुलं शीलेन धार्यते।
गुणेन ज्ञायते त्वार्य: कोपो नेत्रेण गम्यते।। 05-08

अभ्यास से विद्या, अच्छे व्यवहार से कुल, गुणों से श्रेष्ठता और नेत्रों से क्रोध का पता चल जाता है।

व्याख्या : अर्थ स्वत: ही स्पष्ट है।

प्रेरक विचार : अभ्यास से विद्या बढ़ती है। जितना ज़्यादा अभ्यास करेंगे, विद्या उतनी ही बढ़ेगी, क्योंकि दोहराव ही योग्यता की जननी है।

किससे किसकी रक्षा होती है?

वित्तेन रक्ष्यते धर्मो विद्या योगेन रक्ष्यते।
मृदुना रक्ष्यते भूप: सत्स्त्रिया रक्ष्यते गृहम्।। 05-9

धन धर्म की, योग विद्या की, मृदुता राजा की और सच्चरित्र स्त्रियाँ घर की रक्षा करती हैं।

व्याख्या : धन के बिना धर्म की रक्षा नहीं हो सकती। धन से ही मनुष्य धर्म का पालन कर पाता है, यानी दान-दक्षिणा दे पाता है, सत्कर्म कर पाता है और हवन-यज्ञ आदि कर पाता है। मंदिर, धर्मशालाएँ, प्याऊ आदि बनवाने तथा लंगर चलाने के लिए भी धन चाहिए होता है।

विद्या की रक्षा के लिए संयम से उसके यथोचित अभ्यास की ज़रूरत होती है। मधुर स्वभाव से ही राजा लोकप्रिय और सफल होता है। सच्चरित्र स्त्रियों से घर और खानदान की इज्जत सुरक्षित रहती है, क्योंकि वे नैतिकता की राह पर चलकर अपने घर का भली-भाँति संचालन करती हैं।

प्रेरक विचार : धन महत्वपूर्ण होता है, क्योंकि इसके बिना धार्मिक काम करना संभव नहीं है। श्रेष्ठ यही है कि धन को धर्मसम्मत तरीक़े से कमाया जाए और इसे परोपकार में ख़र्च किया जाए।

कौन व्यर्थ दुख झेलता है?

अन्यथा वेदपाण्डित्यं शास्त्रमाचारमन्यथा।
अन्यथा कुवचः शान्तं लोकाः क्लिश्यन्ति चान्यथा।। 05–10

वेदों, ज्ञानी लोगों, शास्त्रसम्मत व्यवहार और शांत लोगों की हँसी उड़ाने वाले मूर्ख नाहक दुख झेलते हैं।

व्याख्या : अर्थ स्वत: ही स्पष्ट है।

प्रेरक विचार : ख़ास तौर पर हमें अपने बुजुर्गों की बातों की हँसी नहीं उड़ानी चाहिए, जो अपने अनुभव और ज्ञान के आधार पर बातें बताते हैं। निश्चित रूप से आपको प्रौद्योगिकी के मामले में उनकी बात पर भरोसा नहीं करना चाहिए, क्योंकि इसका उन्हें कोई अनुभव नहीं है, लेकिन आपको स्वास्थ्य और दुनियादारी के मामले में उनकी बात पर भरोसा करना चाहिए, क्योंकि उनके पास उस क्षेत्र में ज़्यादा अनुभव है।

किससे क्या ख़त्म होता है?

दारिद्र्यनाशनं दानं शीलं दुर्गतिनाशनम्।
अज्ञाननाशिनी प्रज्ञा भावना भयनाशिनी।। 05–11

दान से ग़रीबी, अच्छे आचरण से दुख, बुद्धि से अज्ञान और ईश्वर की भक्ति से भय नष्ट होता है।

व्याख्या : अर्थ स्वत: ही स्पष्ट है।

प्रेरक विचार : जब मन में प्रबल भक्ति भाव होता है, तो इंसान अपने डर से ऊपर उठ जाता है, क्योंकि उसे लगता है कि संसार की सबसे बड़ी शक्ति उसके साथ है, इसलिए कोई भी व्यक्ति या परिस्थिति उसका बाल भी बाँका नहीं कर सकती।

ये सबसे बड़े हैं

नाऽस्ति कामसमो व्याधिर्नाऽस्ति मोहसमो रिपुः।
नाऽस्ति कोपसमो वह्निर्नाऽस्ति ज्ञानात्परं सुखम्।। 05–12

वासना जैसा रोग, मोह जैसा शत्रु, क्रोध जैसी अग्नि और ज्ञान जैसा परम सुख दूसरा नहीं है।

व्याख्या : अर्थ स्वतः ही स्पष्ट है।

प्रेरक विचार : क्रोध करना मूर्खता है। यह दूसरों की ग़लती का दंड ख़ुद को देना है। जैसा बुद्ध ने कहा है, यह किसी पर फेंकने के लिए जलता हुआ अंगारा अपने हाथ में रखने जैसा है, जिससे आपका हाथ जल जाता है।

मनुष्य अकेला होता है

जन्ममृत्यू हि यात्येको भुनक्त्येकः शुभाऽशुभम्।
नरकेषु पतत्येक एको याति परां गतिम्।। 05–13

मनुष्य अकेला ही पैदा होता और मरता है, अकेला ही अपने अच्छे–बुरे कर्मों के फल भोगता है और अकेला ही नरक की आग में जलता है या मोक्ष को प्राप्त करता है।

व्याख्या : यानी मनुष्य अपने जीवन और अपने कर्मों के लिए ख़ुद जिम्मेदार है।

प्रेरक विचार : आप काफ़ी अकेले हैं या आप अकेले ही काफ़ी हैं। इन दो विकल्पों में से कोई एक विकल्प चुनें। आपको अपने कर्म सोच–समझकर करने चाहिए, क्योंकि उनके फल आपको ही भुगतने हैं।

किसके लिए क्या महत्वहीन है?

तृणं ब्रह्मविद: स्वर्गस्तृणं शूरस्य जीवितम्।
जिताऽशस्य तृणं नारी नि:स्पृहस्य तृणं जगत्।। 05–14

ब्रह्मज्ञानी को स्वर्ग, साहसी को जीवन, जितेंद्रिय को नारी और वीतरागी को संसार तिनके जैसा लगता है।

व्याख्या : ब्रह्म का ज्ञान हो जाने के बाद स्वर्ग की कोई इच्छा नहीं रह जाती, क्योंकि ब्रह्मज्ञानी ब्रह्म में विलीन होना चाहता है, जबकि स्वर्ग में रहने के बाद पुन: जन्म लेना पड़ता है, इसलिए उसके लिए स्वर्ग के अल्पकालीन सुखों का कोई महत्व नहीं है। सैनिक या योद्धा को अपने जीवन की परवाह नहीं होती, क्योंकि उसके लिए देशभक्ति और वीरता ज़्यादा महत्वपूर्ण होती है। जिसने अपनी इंद्रियों को जीत लिया हो, उसके लिए सुंदर युवती महत्वहीन होती है, क्योंकि वह कामवासना या इंद्रियसुख की चाह से ऊपर उठ चुका है। इसी तरह वीतरागी यानी अनासक्त व्यक्ति की सारी इच्छाएँ ख़त्म हो जाती हैं और वह इस संसार को मायाजाल मानकर घास के तिनके जितना महत्वहीन समझने लगता है।

प्रेरक विचार : आपकी प्रवृत्ति ही तय करती है कि आप किसे महत्व देते हैं और किसे नहीं देते हैं। हर व्यक्ति की प्रवृत्तियाँ और प्राथमिकताएँ अलग होती हैं। यह आपकी स्थिति–परिस्थिति पर निर्भर करता है कि आप किसे महत्वपूर्ण और किसे महत्वहीन मानते हैं।

कौन कब काम आता है?

विद्या मित्रं प्रवासेषु भार्या मित्रं गृहेषु च।
व्याधितस्यौषधं मित्रं धर्मो मित्रं मृतस्य च।। 05–15

प्रवास में विद्या, घर में पत्नी, बीमारी में औषधि और मृत्यु के बाद धर्म मित्र होता है।

व्याख्या : अर्थ स्वत: ही स्पष्ट है।

प्रेरक विचार : ध्यान रखने वाली बात यह है कि हर जगह मित्र अलग होते हैं, यानी पृष्ठभूमि बहुत महत्वपूर्ण होती है। प्रवास में विद्या मित्र होती है, लेकिन अगर आप घर में पांडित्य प्रदर्शन करने लगे, तो आपकी पत्नी या बच्चों को यह पसंद नहीं आएगा और वहाँ यही विद्या आपकी शत्रु साबित हो सकती है। यानी ग़लत पृष्ठभूमि में आपका सही काम भी ग़लत हो सकता है।

ये चार चीज़ें व्यर्थ हैं

वृथा वृष्टिः समुद्रेषु वृथा तृप्तेषु भोजनम्।
वृथा दानं धनाढ्येषु वृथा दीपो दिवाऽपि च।। 05–16

समुद्र में वर्षा, तृप्त व्यक्ति को भोजन कराना, धनी को दान देना और दिन में दीपक जलाना व्यर्थ है।

व्याख्या : स्थान, व्यक्ति, समय और परिस्थितियों को देखकर ही काम करना चाहिए, ताकि आपके काम निरर्थक न लगें।

प्रेरक विचार : अपने कामों के बारे में विचार करें कि कहीं आप व्यर्थ काम तो नहीं कर रहे हैं? जहाँ आपके काम से सचमुच फ़र्क़ पड़ता हो, वही काम करें।

इनकी कोई तुलना नहीं है

नाऽस्ति मेघसमं तोयं नाऽस्ति चात्मसमं बलम्।
नाऽस्ति चक्षुःसमं तेजो नाऽस्ति धान्यसमं प्रियम्।। 05–17

बारिश के पानी जैसा कोई जल नहीं है। स्वयं की शक्ति जैसी कोई शक्ति नहीं है। आँखों की रोशनी जैसी कोई रोशनी नहीं है। अनाज से बढ़कर दूसरा कोई प्रिय पदार्थ नहीं है।

व्याख्या : अर्थ स्वत: ही स्पष्ट है।

प्रेरक विचार : आत्मविश्वास सबसे महत्वपूर्ण गुण है, इसलिए आत्मशक्ति को जाग्रत करें। आपको अनूठी शक्तियाँ मिली हैं, उनका उपयोग करें।

हर व्यक्ति की इच्छा अलग होती है

अधना धनमिच्छन्ति वाचं चैव चतुष्पदा:।
मानवा: स्वर्गमिच्छन्ति मोक्षमिच्छन्ति देवता:।। 05-18

निर्धन लोग धन की, जानवर बोलने की क्षमता की, इंसान स्वर्ग की और देवता मोक्ष की कामना करते हैं।

व्याख्या : यानी हर एक के पास किसी न किसी चीज़ की कमी है और जिसके पास जो नहीं है, वह उसी की इच्छा करता है।

प्रेरक विचार : हर व्यक्ति की इच्छा अलग होती है, इसलिए उसे प्रेरित करने का तरीक़ा भी अलग होता है। सबसे पहले यह पता लगाएँ कि सामने वाले का हॉट बटन क्या है! फिर उसी अनुरूप व्यवहार करें।

सत्य ही सर्वोपरि है

सत्येन धार्यते पृथ्वी सत्येन तपते रवि:।
सत्येन वाति वायुश्च सर्वं सत्ये प्रतिष्ठितम्।। 05-19

सत्य पर ही यह पृथ्वी आधारित है, सत्य से ही सूर्य चमकता है, सत्य से ही वायु बहती है। सब कुछ सत्य पर प्रतिष्ठित है।

व्याख्या : परमात्मा ही सत्य है और पूरी सृष्टि का आधार है।

प्रेरक विचार : सत्यवादी बनें। इससे आपको कई बार नुक़सान होगा, लेकिन अंतत: आपकी अच्छी छवि बन जाएगी, जिससे आपको लाभ होगा।

धर्म के सिवा सब कुछ चलायमान है

चला लक्ष्मीश्चला: प्राणाश्चलं जीवितयौवनम्।
चराचरे च संसारे धर्म एको हि निश्चल:।। 05–20

धन–संपत्ति, प्राण, जीवन और यौवन चलायमान हैं; इस चराचर संसार में केवल धर्म ही स्थिर है।

व्याख्या : अर्थ स्वत: ही स्पष्ट है।

प्रेरक विचार : अपनी उस अनूठी प्रतिभा पर ध्यान केंद्रित करें, जिसके इस्तेमाल के लिए आपको इस संसार में भेजा गया है। भौतिक संपत्ति नश्वर है, ज़्यादातर चीज़ें नश्वर हैं, लेकिन कुछ चीज़ें नश्वर नहीं हैं। उन्हें पहचानें।

ईमानदारी चालाकी से बेहतर है

नराणां नापितो धूर्त: पक्षिणां चैव वायस:।
चतुष्पादं शृगालस्तु स्त्रीणां धूर्ता च मालिनी।। 05–21

पुरुषों में नाई, पक्षियों में कौआ, जानवरों में सियार और स्त्रियों में मालिन सबसे धूर्त या चालाक होती है।

व्याख्या : पुराने ज़माने में नाई सबके घरों में आता–जाता था, जानकारी रखता और देता था और शादी–ब्याह तय कराने में बिचौलिये की महत्वपूर्ण भूमिका निभाता था। पक्षियों में कौआ और जानवरों में सियार सबसे धूर्त या चालाक होता है। स्त्रियों में मालिन सबसे चतुर और हाजि़रजवाब इसलिए होती थी, क्योंकि उसका संपर्क हर तरह के व्यक्ति से होता था।

प्रेरक विचार : धूर्त बनने के बजाय स्पष्टवादी और ईमानदार बनें। धूर्तता से आपको अल्पकालीन लाभ होता है, जबकि ईमानदारी से दीर्घकालीन लाभ होता है।

रोचक प्रसंग

किंवदंती है कि जब चंद्रगुप्त ने चाणक्य को बताया कि उनकी सेना ने युद्ध जीत लिया है, तो चाणक्य ने उनसे पूछा, 'बहुत बढ़िया! लेकिन एक बात बताओ। युद्ध लड़ने वाले सैनिकों के खाने का बंदोबस्त किसने किया?'

चंद्रगुप्त ने कहा, आस-पास के गाँव वालों ने सैनिकों को खाना खिलाया था।

इस पर चाणक्य ने पूछा, 'तुमने बदले में उन्हें क्या दिया?'

जब चंद्रगुप्त ने कहा, 'कुछ नहीं,' तो चाणक्य ने गंभीर स्वर में कहा, 'प्रजा का कर्तव्य है कि वह राजा की मदद करे, लेकिन राजा का भी कर्तव्य है कि वह प्रजा की मदद करे, इसलिए तुम उन गाँव वालों का यह ऋण उतारो, तभी तुम सच्चे राजा कहला सकते हो।'

धन्य है वह राजगुरु, जिसने राजा को उसका कर्तव्य याद दिलाया और प्रजा के हितों का स्मरण कराया!

अध्याय 6

सुनने के क्या फ़ायदे हैं?

श्रुत्वा धर्मं विजानाति श्रुत्वा त्यजति दुर्मतिम्।
श्रुत्वा ज्ञानमवाप्नोति श्रुत्वा मोक्षमवाप्नुयात्।। 06-01

श्रवण से धर्म का बोध होता है, दुर्मति दूर होती है, ज्ञान बढ़ता है और मोक्ष प्राप्त होता है।

व्याख्या : धर्मशास्त्र सुनने से मनुष्य को अपने धर्म यानी कर्तव्य का बोध होता है और वह धर्म के गूढ़ तत्वों को समझ पाता है। शास्त्रों और ज्ञानियों की बातें सुनने से मनुष्य की ग़लत मान्यताएँ व आदतें छूटती हैं और वह सद्बुद्धि से सत्कार्य करने लगता है। अच्छे लोगों, ज्ञानियों और विद्वानों की बातें सुनने से ज्ञान मिलता है, जबकि शास्त्रों की बातों से मोक्ष का मार्ग पता चलता है। यानी सुनने से ही मनुष्य को सांसारिक और आध्यात्मिक दोनों तरह की सफलता पाने का तरीक़ा पता चलता है।

प्रेरक विचार : जब आप अपना मुँह बंद रखते हैं और कान खुले रखते हैं, तभी ज्ञान ग्रहण कर सकते हैं। सामान्य नियम यह है कि जितना बोलें, उससे दोगुना सुनें।

ये चार लोग निकृष्ट होते हैं

पक्षिणां काकश्चाण्डाल: पशूनां चैव कुक्कुर:।
मुनीनां पापश्चाण्डाल: सर्वचाण्डालनिन्दक:।। 06–02

पक्षियों में कौआ, पशुओं में कुत्ता और मुनियों में पाप करने वाला सबसे निकृष्ट होता है। किसी की बुराई करने वाला तो सबसे बड़ा चाण्डाल होता है।

व्याख्या : कई व्याख्याकारों ने यहाँ पापकर्म के बजाय क्रोधी मुनि को सबसे निकृष्ट बताया है।

प्रेरक विचार : किसी की निंदा करने से बचें, क्योंकि इसमें फ़ायदा शून्य है, जबकि नुक़सान असीमित है। जब भी किसी की बुराई करने की इच्छा हो, तो चाणक्य के इस श्लोक को याद कर लें।

कौन सी चीज़ किससे शुद्ध होती है?

भस्मना शुद्ध्यते कास्यं ताम्रमम्लेन शुद्ध्यति।
रजसा शुद्ध्यते नारी नदी वेगेन शुद्ध्यति।। 06–03

काँसा राख से, ताँबा खटाई से, नारी रजस्वला होने से और नदी वेग से शुद्ध होती है।

व्याख्या : अर्थ स्वत: ही स्पष्ट है।

प्रेरक विचार : हम हर दिन नहाकर अपने शरीर को साफ़ या शुद्ध करते हैं। लेकिन हम अपने मन को शुद्ध नहीं करते हैं। हर दिन संसार की नकारात्मकता हम पर हानिकारक अवशेष छोड़ जाती है, इसलिए हमें भी नित्य सकारात्मक बातें पढ़-सुनकर अपनी मानसिकता को शुद्ध करते रहना चाहिए।

किसे घूमना चाहिए, किसे नहीं घूमना चाहिए?

भ्रमन्सम्पूज्यते राजा भ्रमन्सम्पूज्यते द्विजः।
भ्रमन्सम्पूज्यते योगी स्त्री भ्रमन्ती विनश्यति।। 06–04

भ्रमण करने पर राजा, ज्ञानी और योगी व्यक्तियों का सम्मान होता है, लेकिन ज़्यादा भ्रमण करने वाली स्त्री नष्ट हो जाती है।

व्याख्या : अर्थ यह है कि ज़्यादा घूमने वाली स्त्री ग़लत समय और ग़लत जगह पर ग़लत लोगों के जाल में फँस सकती है और उसके पथभ्रष्ट होने का ख़तरा है, जिससे परिवार पर कलंक लग सकता है और समाज में उसकी इज़्ज़त कम हो सकती है।

प्रेरक विचार : पहले चाणक्य ने लिखा है कि यात्रा करने पर आयु कम होती है, लेकिन इस श्लोक में बताया है कि यात्रा करने पर सम्मान भी मिलता है, बशर्ते आप ज्ञानी हों।

धन की महिमा

यस्यार्थास्तस्य मित्राणि यस्यार्थास्तस्य बान्धवाः।
यस्यार्थाः स पुमाँल्लोके यस्यार्थाः स च पण्डितः।। 06–05

मनुष्य धनवान हो, तो मित्र मित्रता दिखाते हैं, रिश्तेदार रिश्तेदारी निकालते हैं, लोग उसके पुरुषार्थ का बखान करते हैं और उसे विद्वान कहते हैं।

व्याख्या : अर्थात् धन है, तो सब कुछ है। धन नहीं है, तो कुछ नहीं है। ऐसा इसलिए है, क्योंकि पूरा मानव संसार स्वार्थ की धुरी पर घूमता है।

प्रेरक विचार : धन की महिमा अपार है, इसलिए पैसे कमाने, बचाने और निवेश करने के तरीक़े सीखें।

जैसा समय, वैसी बुद्धि

तादृशी जायते बुद्धिर्व्यवसायोऽपि तादृशः।
सहायास्तादृशा एव यादृशी भवितव्यता।। 06–06

जैसा भाग्य लेकर मनुष्य पैदा होता है, वैसी ही उसकी बुद्धि हो जाती है, वैसा ही व्यवसाय होता है और वैसी ही सहायता मिलती है।

व्याख्या : यह बहुत गहरी बात है। देखिए, जब मनुष्य कोई अच्छा काम करता है, तो उसे लगता है कि उसने अपनी चतुराई, तीव्र बुद्धि और समझदारी भरे निर्णय से उसे किया। दरअसल एक और पहलू भी है, जिस पर विचार नहीं किया जाता। हो सकता है कि चूँकि उसका अच्छा समय चल रहा था, इसलिए उसके मन में वह अच्छा काम करने का विचार आया। अगर उसका भाग्य प्रतिकूल होता यानी उसका बुरा समय चलता, तो उसके मन में अच्छे के बजाय बुरा काम करने का विचार आता, जिससे उसे बुरे परिणाम मिलते। यानी कर्म अपनी जगह है और भाग्य या होनी अपनी जगह है। 'विनाशकाले विपरीत बुद्धि।'

प्रेरक विचार : समय अनुकूल हो, तो सब अच्छा होता है। समय प्रतिकूल हो, तो सब बुरा होता है। यह भाग्यवाद है और कर्मवाद के विपरीत है। लेकिन यह ध्यान रखें कि अच्छे कर्मों और ईश्वर की कृपा से भाग्य की लकीरें भी बदल सकती हैं।

समय सर्वशक्तिमान है

कालः पचति भूतानि कालः संहरते प्रजाः।
कालः सुप्तेषु जागर्ति कालो हि दुरतिक्रमः।। 06–07

काल अतीत को निगल लेता है, काल ही सबकी मृत्यु का कारण है, जब सब सोते हैं तब भी काल जागता है, काल को हराना असंभव है।

व्याख्या : अर्थ स्वतः ही स्पष्ट है।

प्रेरक विचार : लोग ग़लत कहते हैं कि वे समय को मार रहे हैं, 'आई एम किलिंग टाइम'। नहीं, वे समय को नहीं मार रहे हैं। वास्तविकता तो यह है कि समय उन्हें मार रहा है। जवानी में ऊर्जा, शक्ति, यौवन, सौंदर्य और स्वास्थ्य अपने सर्वोच्च शिखर पर होता है, इसलिए यही समय है जब आपको अपनी प्रगति के सर्वाधिक प्रयास करने चाहिए, क्योंकि बुढ़ापे में आपके पास प्रगति करने की ऊर्जा और शक्ति नहीं बचेगी।

अपने कामों के परिणाम किसे दिखाई नहीं देते?

नैव पश्यति च जन्मान्धः कामान्धो नैव पश्यति।
मदोन्मत्ता न पश्यन्ति अर्थी दोषं न पश्यति।। 06–08

जन्मांध, कामांध, मदमत्त और अति लोभी व्यक्ति को कुछ दिखाई नहीं देता।

व्याख्या : अथ स्वत: ही स्पष्ट है।

प्रेरक विचार : मनुष्य ग़लत काम प्राय: इसलिए करता है, क्योंकि वह वर्तमान में अपनी इच्छाओं को संतुष्ट करने की कोशिश करता है और भविष्य में मिलने वाले परिणामों पर विचार नहीं करता। अपने निर्णयों और कामों के भावी परिणामों पर विचार करना एक अच्छी आदत है, इसलिए सोच-समझकर काम करना ही हितकारी है।

आत्मा ही कर्म को तय करती है

स्वयं कर्म करोत्यात्मा स्वयं तत्फलमश्नुते।
स्वयं भ्रमति संसारे स्वयं तस्माद्विमुच्यते।। 06–09

जीवात्मा स्वयं ही सारे काम करता है और उनका फल भी स्वयं भोगता है। वही विभिन्न योनियों में जन्म लेकर संसार में भ्रमण करता है और स्वयं के प्रयासों से आवागमन के चक्र से मुक्ति प्राप्त करता है।

व्याख्या : अर्थ यह है कि मनुष्य जैसे काम करता है, वैसे ही फल मिलते हैं, इसलिए बंधन और मुक्ति दोनों ही मनुष्य के हाथ में हैं।

प्रेरक विचार : प्रायः देखा जाता है कि इंसान अच्छे परिणामों का श्रेय तो तुरंत ले लेता है, लेकिन बुरे परिणामों के लिए परिस्थितियों या क़िस्मत को दोष देता है। जिस दिन इंसान अपनी ग़लती को स्वीकार करता है, उसी दिन उसकी सफलता की यात्रा शुरू होती है।

कौन किसके पापों का फल भोगता है?

राजा राष्ट्रदृतं भुक्ते राज्ञः पापं पुरोहितः।
भर्ता च स्त्रीदृतं पापं शिष्यपापं गुरुस्तथा।। 06–10

राजा पूरे देश के, राजपुरोहित राजा के, पति पत्नी के और गुरु शिष्यों के पापों का फल भोगता है।

व्याख्या : ऐसा इसलिए, क्योंकि अगर कोई किसी के कहे अनुसार काम करता है, तो पाप का उत्तरदायी सलाह या आज्ञा देने वाला होता है। यानी अधीनस्थ के पापों का फल उसके स्वामी को भोगना पड़ता है।

प्रेरक विचार : अपने अधीनस्थों की ग़लतियों पर उन्हें फटकारने के बजाय यह विचार करें कि इसमें आपने कहाँ ग़लती की और आप इससे कैसे बच सकते थे। आप उनके लीडर हैं, इसलिए दोष आपका भी है।

इन चीज़ों से अपने भी शत्रु बन जाते हैं

ऋणकर्ता पिता शत्रुर्माता च व्यभिचारिणी।
भार्या रूपवती शत्रुः पुत्रः शत्रुर्पण्डितः।। 06–11

ऋणी पिता, व्यभिचारिणी माता, सुंदर पत्नी और मूर्ख पुत्र शत्रुतुल्य हैं।

व्याख्या : अर्थ स्वतः ही स्पष्ट है।

प्रेरक विचार : कर्ज़ व्यापार-व्यवसाय में अच्छा होता है, लेकिन उपभोग के लिए कर्ज़ लेना हमेशा बुरा होता है।

कौन किससे संतुष्ट होता है?

लुब्धमर्थेन गृह्णीयात् स्तब्धमंजलिकर्मणा।
मूर्खं छन्दोऽनुवृत्त्या च यथार्थत्वेन पण्डितम्।। 06-12

लोभी व्यक्ति उपहार से, हठधर्मी व्यक्ति हाथ जोड़ने से, मूर्ख समझाने-बुझाने से और विद्वान वास्तविकता बताने से संतुष्ट होते हैं।

व्याख्या : अर्थ स्वत: ही स्पष्ट है।

प्रेरक विचार : हर व्यक्ति को संतुष्ट करने के लिए उपयुक्त तरीक़ा अपनाना चाहिए। सबसे पहले तो यह पता लगाएँ कि सामने वाले की प्रवृत्ति क्या है और वह किस चीज़ से संतुष्ट हो सकता है। ख़ास तौर पर व्यापार या सौदेबाज़ी में यह नीति बहुत कारगर रहती है, क्योंकि ऐसी स्थिति में आपको यह पता होना चाहिए कि सामने वाला क्या चाहता है और वह किस चीज़ से संतुष्ट होगा।

बुरे साथ से अकेला रहना बेहतर है

वरं न राज्यं न कुराजराज्यं वरं न मित्रं न कुमित्रमित्रम्।
वरं न शिष्यो न कुशिष्यशिष्यो वरं न दारा न कुदारदारा:।। 06-13

बुरे राज्य में रहने से अच्छा है कि किसी राज्य में न रहें। बुरे मित्र से अच्छा है कि कोई मित्र ही न हो। बुरे शिष्य से अच्छा है कि कोई शिष्य ही न हो। बुरी पत्नी से अच्छा है कि कोई पत्नी ही न हो।

व्याख्या : अर्थ स्वत: ही स्पष्ट है।

प्रेरक विचार : अच्छे संगी-साथियों और जीवनसाथी को चुनें, वरना अकेले रहें।

इन चार बुरी चीज़ों से बचें

कुराजराज्येन कुत: प्रजासुखं कुमित्रमित्रेण कुतोस्तिनिर्वृति:।
कुदारदारैश्च कुतो गृहे रति: कुशिष्यशिष्यमध्यापयत: कुतो यश:।।06-14

बुरे राजा के शासनकाल में प्रजा सदा दुखी रहती है, इसलिए ऐसे राज्य में नहीं रहना चाहिए। बुरे मित्र के साथ रहने से सुख नहीं मिल सकता। दुष्ट पत्नी होने पर घर में सुख-शांति नहीं रह सकती और बुरे शिष्य को विद्या देने वाला गुरु अपयश का भागी बनता है।

व्याख्या : बुरे राजा के काम दुष्टतापूर्ण होते हैं, इसलिए प्रजा सुखी नहीं रह सकती। इसी तरह ग़लत मित्र के साथ रहने पर आपको ग़लत सलाह मिलती है, ग़लत आदतें पड़ती हैं तथा वह आपको कभी भी धोखा दे सकता है, इसलिए उसके साथ रहने पर आप सुखी नहीं रह सकते। बुरी पत्नी अपने शब्दों और कामों से घर की सुख-शांति भंग करके उसे नरक बना देती है। बुरा शिष्य कभी यश नहीं दिलाता है, उलटे आपके नाम पर कलंक लगाता है, इसलिए ऐसे शिष्य न रखें। इन चारों क्षेत्रों में ग़लत चुनाव घातक होता है, इसलिए इन्हें सावधानी से चुनें।

प्रेरक विचार : सफल होने के लिए आपको बहुत मदद की ज़रूरत होती है, लेकिन बुरे माहौल में आपकी कोई मदद नहीं करता है, उलटे लोग आपकी टाँग खींचते हैं तथा नकारात्मकता के जाल में उलझाए रखते हैं। इसलिए अपने निकट रहने वालों का चुनाव सावधानी से करें। बुरे माहौल में न रहें, क्योंकि इससे आपको बहुत नुक़सान हो सकता है।

किससे क्या शिक्षा ग्रहण करें?

सिंहादेकं बकादेकं शिक्षेच्चत्वारि कुक्कुटात्।
वायसात्पंच शिक्षेच्च षट्शुनस्त्रीणि गर्दभात्।। 06–15

मनुष्य को शेर और बगुले से एक–एक, मुर्गे से चार, कौए से पाँच, कुत्ते से छह और गधे से तीन गुण सीखने चाहिए।

व्याख्या : अर्थ स्वत: ही स्पष्ट है।

प्रेरक विचार : मनुष्य कहीं से भी शिक्षा ग्रहण कर सकता है – दूसरे लोगों से भी और जानवरों से भी। यानी मनुष्य को सीखने में कोई संकोच नहीं करना चाहिए।

शेर से यह एक गुण सीखें

प्रभूतं कार्यमल्पं वा यन्नर: कर्तुमिच्छति।
सर्वारम्भेण तत्कार्य सिंहादेकं प्रचक्षते।। 06–16

काम छोटा हो या बड़ा, उसमें पूरी ताक़त लगा दें। शेर से हमें यह एक गुण सीखना चाहिए।

व्याख्या : अर्थ स्वत: ही स्पष्ट है।

प्रेरक विचार : 100 प्रतिशत समर्पण और उत्साह के साथ किए जाने वाले काम के सफल होने की संभावना ज़्यादा रहती है।

बगुले से यह एक गुण सीखें

इन्द्रियाणि च संयम्य रागद्वेषविवर्जितः।
समदुःखसुखः शान्तः तत्त्वज्ञः साधुरुच्यते।। 06–17

राग-द्वेष छोड़कर, इंद्रियों पर संयम रखकर, समभाव और शांति से तत्वज्ञ ज्ञानी की तरह एकाग्र रहें। बगुले से यह शिक्षा ग्रहण करें।

व्याख्या : अर्थ स्वतः ही स्पष्ट है।

प्रेरक विचार : बगुला सब कुछ भूलकर सिर्फ़ अपने लक्ष्य यानी मछली पर घंटों तक ध्यान केंद्रित करता है और सही पल का इंतज़ार करता है। इसी तरह मनुष्य को भी अपने लक्ष्य के सिवाय सब कुछ भूल जाना चाहिए और सही पल का इंतज़ार करना चाहिए।

मुर्गे से ये चार गुण सीखें

प्रत्युत्थानं च युद्धं च संविभागं च बन्धुषु।
स्वयमाक्रम्य भुक्तं च शिक्षेच्चत्वारि कुक्कुटात्।। 06–18

मुर्गे से ये 4 शिक्षाएँ ग्रहण करें : सुबह जल्दी उठना, बहादुरी से लड़ना, बंधुओं में सही बँटवारा और व्यक्तिगत प्रयास से भोजन प्राप्त करना।

व्याख्या : अर्थ स्वतः ही स्पष्ट है।

प्रेरक विचार : मुर्गे की तरह सुबह जल्दी उठने की कोशिश करें। कहा भी गया है, 'अर्ली टु बेड एंड अर्ली टु राइज़/मेक्स अ मैन हैल्दी, वैल्दी एंड वाइज़।'

कौए से ये पाँच गुण सीखें

गूढमैथुनचरित्वं काले काले च सङ्ग्रहम्।
अप्रमत्तमविश्वासं पंच शिक्षेच्च वायसात्।। 06–19

कौए से ये पाँच शिक्षाएँ ग्रहण करें, छिपकर मैथुन करना, उपयोगी चीज़ों का संग्रह करना, ज़रूरत होने पर दूसरों को बुलाना, हमेशा सतर्क रहना और किसी पर आँख मूँदकर भरोसा न करना।

व्याख्या : अर्थ स्वत: ही स्पष्ट है।

प्रेरक विचार : मनुष्य अगर कौए से सिर्फ़ एक बात सीख सके, तो उसे आलस त्यागकर हमेशा सतर्क और चौकन्ना रहना चाहिए। उसे हर पल अपने लक्ष्य के बारे में सोचना चाहिए और उसकी दिशा में काम करना चाहिए।

कुत्ते से ये छह गुण सीखें

बह्वाशी स्वल्पसन्तुष्ट: सनिद्रो लघुचेतन:।
स्वामिभक्तश्च शूरश्च षडेते श्वानतो गुणा:।। 06–20

बहुभोजी, लेकिन थोड़े भोजन में भी संतुष्ट हो जाना, गहरी नींद, लेकिन नींद में भी सतर्क रहना, स्वामीभक्ति और बहादुरी – ये छह गुण कुत्ते से सीखने योग्य हैं।

व्याख्या : कुत्ते की भूख बहुत प्रबल होती है, लेकिन वह कम भोजन में भी संतोष कर लेता है। इसी तरह कुत्ते की नींद गहरी होती है, लेकिन इसके बावजूद वह नींद में भी चौकन्ना रहता है। चाणक्य के अनुसार मनुष्य को ये छह गुण कुत्ते से सीखना चाहिए।

प्रेरक विचार : कुत्ते में अजनबियों के प्रति सतर्कता और अपनों के प्रति प्रेम का दुर्लभ मिश्रण पाया जाता है। मनुष्य को भी अजनबियों से सतर्क रहना और अपनों के प्रति प्रेम का प्रदर्शन करना सीखना चाहिए।

गधे से ये तीन गुण सीखें

सुश्रान्तोऽपि वहेद्भारं शीतोष्णं न च पश्यति।
सन्तुष्टश्चरते नित्यं त्रीणि शिक्षेच्च गर्दभात्।। 06–21

गधे से तीन चीज़ें सीखें : थकने के बावजूद बोझ ढोते रहना, सर्दी–गर्मी महसूस न करना और संतुष्ट रहना।

व्याख्या : इसी तरह इंसान को भी काम करते समय परिस्थितियों या मौसम को नहीं देखना चाहिए, बल्कि हर परिस्थिति और मौसम में अपने लक्ष्य की दिशा में मेहनत करते रहना चाहिए। गधा बहुत संतोषी प्रवृत्ति का होता है, इसी तरह व्यक्ति को भी अपनी परिस्थितियों से संतुष्ट रहते हुए कर्म करते रहना चाहिए।

प्रेरक विचार : जुटे रहें। गधे और चींटी से हम यह गुण सीख सकते हैं कि हमारा लक्ष्य जो भी है, हमें उसकी दिशा में जुटे रहना चाहिए।

ये बीस गुण ही सफलता का रहस्य हैं

य एतान् विंशतिगुणानाचरिष्यति मानवः।
कार्याऽवस्थासु सर्वासु अजेयः स भविष्यति।। 06–22

जिस मनुष्य में ये बीस गुण हों, वह अपने सारे कामों में सफल होगा।

व्याख्या : इन गुणों को सीखने के बाद मनुष्य अवश्य सफल होगा, क्योंकि वह हर काम को लगन, एकाग्रता, सतर्कता और मनोयोग से करेगा, इसलिए वह अपने लक्ष्य को प्राप्त कर लेगा।

प्रेरक विचार : हमें अपने आस-पास के लोगों से गुण ग्रहण करना चाहिए। अपने क़रीबी दोस्तों, पड़ोसियों या रिश्तेदारों पर नज़र डालकर हर व्यक्ति से एक गुण सीखने का प्रयास करें। ऐसा करने पर आप पाएँगे कि आपके गुणों में वृद्धि हो रही है और जैसे-जैसे आपके गुणों में वृद्धि होगी, आपकी सफलता में भी वृद्धि होने लगेगी।

रोचक प्रसंग

नंद वंश पर विजय पाने के बाद चंद्रगुप्त राजा के महल में रहने की योजना बना रहे थी। तभी चाणक्य ने महल के फ़र्श की दरार से चींटियों को अनाज के कण लेकर निकलते देखा।

यह देखकर चाणक्य ने चंद्रगुप्त से कहा कि वे तुरंत महल से बाहर चले जाएँ। चंद्रगुप्त की हैरानी को देखकर चाणक्य ने बताया कि यह इस बात का संकेत है कि शत्रुओं के कुछ जासूस तलघर में छिपे होंगे, जो उन्हें नुक़सान पहुँचा सकते हैं। उन्होंने चंद्रगुप्त को महल से बाहर भेजकर अपने सैनिकों को जासूसों की तलाश में भेज दिया, जो कुछ ही समय में पकड़ आ गए।

सबक़ यह है कि अगर आपमें अगर प्रखर बुद्धि है, तो आप छोटी से छोटी घटना से बड़े-बड़े संकेत समझ सकते हैं।

अध्याय सात

ये बातें किसी को न बताएँ

अर्थनाशं मनस्तापं गृहे दुश्चरितानि च।
वञ्चनं चापमानं च मतिमान्न प्रकाशयेत्।। 07–01

बुद्धिमान व्यक्ति धन के नुक़सान, मन के कष्ट, पत्नी के दुष्चरित्र, दूसरों के कटु वचन और स्वयं के अपमान को किसी के सामने उजागर नहीं करते।

व्याख्या : अर्थ स्वत: ही स्पष्ट है।

प्रेरक विचार : क्या बोलना है, किसके सामने बोलना है, कब बोलना है, कब नहीं बोलना है, यह जानने वाला ही बुद्धिमान होता है।

इन चीज़ों में क़तई संकोच न करें

धनधान्यप्रयोगेषु विद्यासंग्रहणे तथा।
आहारे व्यवहारे च त्यक्तलज्जः सुखी भवेत्।। 07-02

धन-धान्य के लेन-देन, विद्या संग्रह, आहार और आपसी व्यवहार में जो व्यक्ति संकोच त्याग देता है, वही सुखी रहता है।

व्याख्या : अर्थ स्वतः ही स्पष्ट है।

प्रेरक विचार : सुख दो तरह के होते हैं : एक होता है अल्पकालीन सुख और दूसरा होता है दीर्घकालीन सुख। चाणक्य के ऊपर के श्लोक में विद्या संग्रह के अलावा जिन सुखों के बारे में बताया गया है, वे अल्पकालीन सुख का मार्ग हैं। अतः ऊपर दिए श्लोक को अल्पकालीन सुख के संदर्भ में ही लें और विद्या के संग्रह को ही दीर्घकालीन सुख का संकेत मानें।

संतोष से सुख मिलता है

सन्तोषाऽमृततृप्तानां यत्सुखं शान्तिरेव च।
न च तद्धनलुब्धानामितश्चेतश्च धावताम्।। 07-03

संतोष के अमृत से तृप्त मनुष्य सुख-शांति में जीते हैं। इधर से उधर भागने वाले लोभियों को सुख-शांति नहीं मिलती।

व्याख्या : मनुष्य की तृष्णा का कोई अंत नहीं है और इंसान आसानी से निन्यानवे के फेर में उलझ सकता है। संतुष्ट व्यक्ति में तृष्णा न होने के कारण वह सुखी होता है।

प्रेरक विचार : संतुष्टि सचमुच सुख-शांति की कुंजी है। लेकिन जीवन का विचित्र विरोधाभास देखें कि सारी तरक्की असंतोष की वजह से होती है। जो इंसान हर महीने पचास हज़ार रुपये की आमदनी से ख़ुश है, वह कभी एक लाख रुपये आमदनी करने के उपाय नहीं सोचेगा। यानी संतुष्ट व्यक्ति तरक्की नहीं कर पाएगा, जबकि असंतुष्ट व्यक्ति के तरक्की करने की संभावना कहीं ज़्यादा होती है।

इन तीन चीज़ों से हमेशा असंतुष्ट रहें

सन्तोषस्त्रिषु कर्तव्यः स्वदारे भोजने धने।
त्रिषु चौव न कर्तव्योऽध्ययने जपदानयोः।। 07-04

अपनी पत्नी, भोजन और धन इन तीन चीज़ों से संतुष्ट रहना चाहिए, लेकिन अध्ययन, जप और दान - इन तीन चीज़ों से असंतुष्ट रहना चाहिए।

व्याख्या : यानी इंसान को पता होना चाहिए कि किन क्षेत्रों में असंतुष्ट रहना है और किन क्षेत्रों में संतुष्ट रहना है।

प्रेरक विचार : भौतिक चीज़ों और मनुष्यों से संतुष्ट रहें, लेकिन ईश्वर-भक्ति, स्वास्थ्य, दान-पुण्य और अध्ययन के बारे में असंतुष्ट रहें, क्योंकि तभी आप प्रगति कर पाएँगे। ये चीज़ें इंसान के हाथ में होती हैं, इसलिए इनमें परिवर्तन करना भी उसके हाथ में होता है।

इनके बीच में न पड़ें

विप्रयोर्विप्रवह्न्योश्च दम्पत्योः स्वामिभृत्ययोः।
अन्तरेण न गन्तव्यं हलस्य वृषभस्य च।। 07-05

दो ब्राह्मणों के बीच से, ब्राह्मण और अग्नि के बीच से, पति-पत्नी के बीच से, मालिक और नौकर के बीच से कभी न गुज़रें, जिस तरह हल और बैल के बीच से नहीं गुज़रते हैं।

व्याख्या : आशय यह है कि अगर दो ब्राह्मण खड़े होकर बात कर रहे हों, तो उनके बीच से न निकलकर एक तरफ़ से निकलना चाहिए, क्योंकि वे संभवत: धर्मचर्चा कर रहे होंगे, जिसमें आपके निकलने की वजह से विघ्न पड़ेगा। इसी तरह ब्राह्मण और अग्नि के बीच से इसलिए नहीं निकलना चाहिए, क्योंकि ब्राह्मण की पूजन में विघ्न पड़ेगा। पति-पत्नी या मालिक-नौकर के बीच में इसलिए नहीं पड़ना चाहिए, क्योंकि आपके हस्तक्षेप से कोई फ़ायदा होने के बजाय नुक़सान की आशंका होती है, जैसे हल और बैल के बीच में से गुज़रने पर चोट लगने की आशंका रहती है।

प्रेरक विचार : इंसान की डिफ़ॉल्ट सेटिंग यह होती है कि वह ख़ुद को ज्ञान का भंडार मानता है और सबको बताना चाहता है कि वे क्या ग़लत कर रहे हैं और उन्हें क्या करना चाहिए। श्रेष्ठ नीति यही है कि अपने काम से काम रखें।

ग़लती से भी इन्हें पैर न लगाएँ

पादाभ्यां न स्पृशेदग्निं गुरुं ब्राह्मणमेव च।
नैव गां न कुमारीं च न वृद्धं न शिशुं तथा।। 07-06

अग्नि, गुरु, ब्राह्मण, गाय, कुआँरी कन्या, वृद्ध तथा शिशु को पैर से स्पर्श न करें।

व्याख्या : अर्थ स्वत: ही स्पष्ट है।

प्रेरक विचार : व्यवहार करते समय ध्यान रखें कि आपके किसी काम से किसी दूसरे को चोट तो नहीं पहुँच रही है। आजकल लोगों में अहं इतना बढ़ गया है कि वे छोटी सी बात पर भी उत्तेजित हो जाते हैं, इसलिए अतिरिक्त सावधानी रखें।

किससे कितनी दूर रहें?

शकटं पंचहस्तेन दशहस्तेन वाजिनम्।
गजं शतहस्तेन देशत्यागेन दुर्जनम्।। 07–07

बैलगाड़ी से पाँच हाथ, घोड़े से दस हाथ, हाथी से सौ हाथ दूर रहें और दुर्जनों से बचने के लिए तो देश ही छोड़ दें।

व्याख्या : अर्थ स्वतः ही स्पष्ट है।

प्रेरक विचार : ख़तरों और दुष्टों से सतर्क रहें।

कौन किससे वश में रहता है?

हस्ती अङ्कुशमात्रेण वाजी हस्तेन ताड्यते।
शृंगी लगुडहस्तेन खड्गहस्तेन दुर्जनः।। 07–08

हाथी अंकुश गड़ाने से, घोड़ा हाथ की थपकी से और सींग वाले जानवर डंडे की मार से वश में रहते हैं, लेकिन दुर्जन सिर्फ़ तलवार के ज़ोर से ही वश में रहते हैं।

व्याख्या : अर्थ स्वतः ही स्पष्ट है।

प्रेरक विचार : दुष्ट मनुष्य का स्वभाव ही ऐसा होता है कि वह समझाने-बुझाने से अपनी दुष्टता नहीं छोड़ेगा, इसलिए अपने ज्ञान का गोला-बारूद व्यर्थ ख़र्च न करें। दुष्ट मनुष्य केवल शक्ति के डर से ही क़ायदे में रहता है।

कौन कब ख़ुश होता है?

तुष्यन्ति भोजने विप्रा मयूरा घनगर्जिते।
साधव: परसम्पत्तौ खला: परविपत्तिषु।। 07–09

ब्राह्मण भरपेट भोजन से, मोर बादल गरजने से, सज्जन दूसरों की सुख-संपत्ति देखकर ख़ुश होते हैं, किंतु दुष्ट लोग दूसरों को विपत्ति में देखकर ख़ुश होते हैं।

व्याख्या : अर्थ स्वत: ही स्पष्ट है।

प्रेरक विचार : दूसरों की सुख-संपत्ति बढ़ने पर ख़ुश होना सीखें। इस तरह आपकी भावना उस वस्तु को प्राप्त करने की फ्रीक्वेंसी पर पहुँच जाती है।

किसके साथ कैसा व्यवहार करें?

अनुलोमेन बलिनं प्रतिलोमेन दुर्जनम्।
आत्मतुल्यबलं शत्रुं विनयेन बलेन वा।। 07–10

शक्तिशाली शत्रु का विनयपूर्ण व्यवहार से, दुर्जन शत्रु का प्रतिकूल व्यवहार से, समान बल वाले शत्रु का विनय या बल से प्रतिकार करना चाहिए।

व्याख्या : सामने वाले की शक्ति और अपनी शक्ति का हिसाब लगाने के बाद ही अपने व्यवहार और कार्यों को तय करें।

प्रेरक विचार : यह विचार करना महत्वपूर्ण होता है कि कब, किससे, कैसा व्यवहार करना है।

किसकी शक्ति किसमें होती है?

बाहुवीर्य बलं राज्ञो ब्राह्मणो ब्रह्मविद्बली।
रूपयौवनमाधुर्य स्त्रीणां बलमुत्तमम्।। 07-11

बाहुबल राजा की शक्ति है; विद्याबल ब्राह्मण की। सौंदर्य, यौवन और मधुरता स्त्रियों के उत्तम बल हैं।

व्याख्या : अर्थ स्वत: ही स्पष्ट है।

प्रेरक विचार : आपको यह पता होना चाहिए कि आपकी शक्ति क्या है और इसे बढ़ाने के लिए आपको क्या करना चाहिए?

ज़्यादा सीधे न बनें

नाऽत्यन्तं सरलैर्भाव्यं गत्वा पश्य वनस्थलीम्।
छिद्यन्ते सरलास्तत्र कुब्जास्तिष्ठन्ति पादपा:।। 07-12

मनुष्य को ज़्यादा सरल और सीधा नहीं होना चाहिए, क्योंकि जंगल में केवल सीधे पेड़ ही काटे जाते हैं, जबकि टेढ़े पेड़ सुरक्षित खड़े रहते हैं।

व्याख्या : यहाँ चाणक्य ने अति सर्वत्र वर्जयेत वाली बात को ही दोहराया है।

प्रेरक विचार : चतुराई सीखें। व्यवहार में सरल रहें, लेकिन कूटनीति और राजनीति के बारे में सतर्क रहें।

मुश्किल में साथ न छोड़ें

यत्रोदकं तत्र वसन्ति हंसास्तथैव शुष्कं परिवर्जयन्ति।
न हंसतुल्येन नरेण भाव्यं पुनस्त्यजन्तः पुनराश्रयन्ते।। 07–13

हंस जिस सरोवर में रहते हैं, उसके सूखने पर वे उसे छोड़ देते हैं, लेकिन पुनः पानी भरने पर दोबारा वहाँ आश्रय ले लेते हैं। मनुष्य को हंस की तरह स्वार्थी नहीं होना चाहिए।

व्याख्या : अर्थ स्वतः ही स्पष्ट है।

प्रेरक विचार : एक बार गाँठ पड़ने पर संबंध पहले जैसा नहीं रहता। उस व्यक्ति को यह याद रहेगा कि आपने दुख के समय उसका साथ नहीं दिया था और जब दोबारा सुख आया, तो आप फिर से अपनापन जताने आ गए। अतः पहले जैसे मधुर संबंधों की उम्मीद दोबारा न करें।

दान देने से धन बढ़ता है

उपार्जितानां वित्तानां त्याग एव हि रक्षणम्।
तडागोदरसंस्थानां परीवाह इवाऽम्भसाम्।। 07–14

दान और व्यय से संचित धन में वृद्धि होती है, क्योंकि तालाब में भरा पानी निकालने पर ही नया पानी प्रविष्ट हो सकता है।

व्याख्या : चाणक्य के अनुसार दान देने से धन बढ़ता है, क्योंकि दान का बीज कई गुना फ़सल देता है।

प्रेरक विचार : अगर आप अधिक धन चाहते हैं, तो धन का दान दें। जो फ़सल पाना चाहते हैं, उसी का बीज बोएँ।

चार श्रेष्ठ गुण

स्वर्गस्थितानामिह जीवलोके चत्वारि चिन्हानि वसन्ति देहे।
दानप्रसंगो मधुरा च वाणी देवाऽर्चनं ब्राह्मणतर्पणं च।। 07–15

स्वर्ग छोड़कर इस संसार में जन्म लेने वाले देवताओं में ये चार गुण होते हैं : दान देने में रुचि, मधुर वाणी, ईश्वर स्तुति और ब्राह्मणों को संतुष्ट रखना।

व्याख्या : चाणक्य ने यहाँ श्रेष्ठ व्यक्तियों के चार आदर्श गुण बताए हैं कि इंसान को दानी, मधुरभाषी, भक्त और विद्वत्ता का आदर करने वाला होना चाहिए। जिस व्यक्ति में ये गुण हों, उसे देवता के अवतार समझें, क्योंकि इन चार गुणों वाले लोग जहाँ भी रहेंगे, उस जगह को स्वर्ग जैसा बना देंगे।

प्रेरक विचार : ईश्वर की उपासना से लाभ होता है और आत्मविश्वास बढ़ता है। प्रार्थना हमें सफलता की सर्वश्रेष्ठ मानसिकता में ले आती है, क्योंकि यह हमारे आत्मविश्वास को बढ़ा देती है और हमें लगता है कि दैवी शक्ति हमारे साथ है तथा सफल होने में हमारी मदद कर रही है।

ये चीज़ें नरकतुल्य हैं

अत्यन्तकोप: कटुका च वाणी दरिद्रता च स्वजनेषु वैरम्।
नीचप्रसंग: कुलहीनसेवा चिन्हानि देहे नरकस्थितानाम्।। 07–16

नरक छोड़कर इस संसार में जन्म लेने वालों में ये गुण होते हैं : अति क्रोध, कटु वाणी, दरिद्रता, रिश्तेदारों से बैर, नीच लोगों की संगत, नीच लोगों की सेवा।

व्याख्या : ये छह गुण वाले लोग जहाँ भी रहेंगे, उस जगह को नरक बना देंगे।

प्रेरक विचार : कटु वाणी से किसी का भला नहीं होता।

छोटे लोगों से दूर रहें

गम्यते यदि मृगेन्द्रमन्दिरं लभ्यते करिकपालमौक्तिकम्।
जम्बुकाऽलयगते च प्राप्यते वत्सपुच्छखरचर्मखण्डनम्।। 07–17

शेर की गुफा में जाने पर हाथी के मस्तक की मणि (गजमणि) मिल सकती है, लेकिन सियार की गुफा में जाने पर केवल पूँछ और गधे की खाल के टुकड़े ही मिलेंगे।

व्याख्या : गजमणि दुर्लभ और मूल्यवान है। हो सकता है कि शेर की गुफा में जाने पर आपको यह गजमणि मिल जाए, क्योंकि संभवत: शेर ने हाथी का शिकार किया हो। लेकिन सियार की गुफा में जाने पर आपको मूल्यहीन चीज़ें ही मिलेंगी। संगति का असर बताते हुए चाणक्य कहते हैं कि श्रेष्ठ लोगों के साथ रहेंगे, तो ज्ञान की बातें सीखने को मिलेंगी और मूल्यवान चीज़ें मिलेंगी, जबकि बुरे लोगों के साथ रहने से कोई लाभ नहीं होगा।

प्रेरक विचार : बड़े लोगों के साथ रहें। सुनार का कचरा भी लुहार के बर्तनों से महँगा होता है।

अज्ञानी जीवन कुत्ते की पूँछ जैसा है

शुनः पुच्छमिव व्यर्थं जीवितं विद्यया विना।
न गुह्यगोपने शक्तं न च दंशनिवारणे।। 07–18

विद्या के बिना जीवन कुत्ते की पूँछ के समान व्यर्थ होता है, जो न तो गुप्तांग को ढँक सकती है, न ही काटने वाले मच्छरों को उड़ा सकती है।

व्याख्या : कुत्ते की पूँछ से न तो उसके गुप्तांग ढँक सकते हैं, न ही मच्छर आदि कीड़ों को भगाया जा सकता है, इसी तरह विद्याविहीन मनुष्य मूर्ख होने के कारण न तो अपनी रक्षा कर सकता है, न ही अपना भरण–पोषण कर सकता है।

प्रेरक विचार : जीवन को निरर्थक नहीं, सार्थक बनाएँ।

परोपकारियों के गुण ये हैं

वाचां शौचं च मनसः शौचमिन्द्रियनिग्रहः।
सर्वभूतदयाशौचमेतच्छौचं परमाऽर्थिनाम्।। 07–19

वाणी और मन की पवित्रता, इंद्रियों पर संयम, सभी जीवों पर दया और सबसे बढ़कर परमार्थ – यही परोपकारियों के लक्षण हैं।

व्याख्या : पवित्रता, इंद्रियसंयम, दया और परमार्थ – ये श्रेष्ठ गुण परोपकारियों में पाए जाते हैं। अर्थात् वाणी तथा मन की अपवित्रता, इंद्रियों के वश में रहना, निर्दयता और स्वार्थपरकता स्वार्थी मनुष्यों के लक्षण हैं।

प्रेरक विचार : इंद्रियों पर संयम रखना सीखें, ख़ास तौर पर जीभ पर, क्योंकि संसार के 50 प्रतिशत फ़साद की जड़ आपकी जीभ है। जीभ पर नियंत्रण करने से आपकी सफलता की संभावना बढ़ जाती है, क्योंकि जीभ का मतलब है कि आप क्या बोलते हैं और आप क्या खाते हैं।

छिपी चीज़ों को देखना सीखें

पुष्पे गन्धं तिले तैलं काष्ठेऽग्निं पयसि घृतम्।
इक्षौ गुडं तथा देहे पश्याऽत्मानं विवेकतः।। 07–20

जिस तरह पुष्प में गंध, तिल में तेल, काष्ठ में अग्नि, दूध में घी, ईख में गुड़ छिपा रहता है, उसी तरह देह में आत्मा रहती है, जिसे केवल विवेकशील लोग ही देख पाते हैं।

व्याख्या : फूल में छिपी गंध दिखाई नहीं देती, न ही यह दिखाई देता है कि तिल में तेल छिपा हुआ है। इसी तरह देह में आत्मा छिपी होती है, जिसे केवल विवेक द्वारा ही पहचाना जा सकता है।

प्रेरक विचार : छुपे अवसर और संभावना को परखना सीखें। भविष्य की संभावनाओं को ध्यान में रखकर निर्णय लें।

रोचक प्रसंग

एक बार शाम को एक चीनी यात्री चाणक्य से मिलने गया। चाणक्य दिये की रोशनी में कुछ लिख रहे थे। चाणक्य ने यात्री से बैठने को कहा और अपना काम पूरा करने के बाद उस दिये को बुझाकर दूसरा दिया जला लिया।

चीनी यात्री ने हैरानी से पूछा, 'क्या यह भारत की परंपरा है कि जब कोई मेहमान घर आता है, तो नया दिया जलाया जाता है?'

चाणक्य ने जवाब दिया, 'नहीं। सच तो यह है कि जब आप आए थे, तब मैं राजकीय काम कर रहा था, इसलिए उस वक़्त राजकोष के तेल वाला दिया जल रहा था। अब मैं आपसे व्यक्तिगत बातचीत करने वाला हूँ, इसलिए राजकोष के तेल का इस्तेमाल करना न्यायसंगत नहीं है। इसीलिए मैंने सरकारी तेल वाले दिये को बुझाकर यह दिया जला लिया है, जिसका तेल मैंने अपने व्यक्तिगत पैसों से ख़रीदा है।'

यह सुनकर उस यात्री ने चाणक्य के पैर पकड़ते हुए कहा, 'आज मैं भारत की प्रगति का रहस्य समझ गया हूँ। जब तक इस देश में इतने ऊँचे चरित्र वाले लोग रहेंगे, इसे विश्व गुरु बनने से कोई नहीं रोक सकता।'

अध्याय आठ

कौन क्या चाहता है?

अधमा: धनमिच्छन्ति धनमानौ च मध्यमा:।
उत्तमा: मानमिच्छन्ति मानो हि महतां धनम्।। 08–01

छोटे लोग धन चाहते हैं, मध्यम श्रेणी के लोग धन तथा सम्मान दोनों चाहते हैं, जबकि श्रेष्ठ लोग केवल सम्मान चाहते हैं, क्योंकि उनके लिए यही सच्चा धन है।

व्याख्या : वैसे तो सभी धन चाहते हैं, लेकिन ओछे लोग किसी भी क़ीमत पर धन चाहते हैं, चाहे वह ग़लत-सही किसी भी तरीक़े से आए। इसीलिए वे आगा-पीछा नहीं देखते हैं और प्राय: पैसे के लोभ में आकर ग़लत काम कर बैठते हैं, जिससे उनकी बदनामी होती है।

प्रेरक विचार : सम्मान धन से अधिक महत्वपूर्ण है, क्योंकि धन संयोग से मिल सकता है, लेकिन सम्मान हमेशा कर्मों से मिलता है। ग़लत कामों से कमाए धन का क्या मूल्य है, अगर उसकी वजह से बदनामी का कलंक लग जाए?

दान के अपवाद

इक्षुराप: पयो मूलं ताम्बूलं फलमौषधम्।
भक्षयित्वाऽपि कर्तव्या: स्नानदानाऽदिका: क्रिया:।। 08–02

गन्ना, जल, दूध, कंद, पान, फल और औषधि खाने–पीने के बाद भी स्नान–दान आदि धार्मिक कर्तव्य किए जा सकते हैं।

व्याख्या : भारत में यह परंपरा है कि स्नान–दान के बाद ही कुछ खाना चाहिए, लेकिन चाणक्य कहते हैं कि भूखे पेट धार्मिक कर्तव्य करने की परंपरा के कुछ अपवाद होते हैं। दान, यज्ञ, हवन, परोपकार आदि बहुत पुण्य काम हैं, इसलिए इसमें अपवाद रखे गए हैं, ताकि अशक्त या बीमार लोग इस पुण्य से वंचित न रहें।

प्रेरक विचार : अपवाद सामाजिक संबंध क़ायम रखने में महत्वपूर्ण भूमिका निभाते हैं। जैसे अगर आप रोज़ रात को 8 बजे खाना खाते हैं, लेकिन मित्रों के आने के कारण भोजन बनने में देर हो जाती है, तो आप ख़ुशी–ख़ुशी 8.30 या 9 बजे भोजन कर लेते हैं।

जैसा खाओगे अन्न, वैसा रहेगा मन

दीपो भक्षयते ध्वान्तं कज्जलं च प्रसूयते।
यदन्नं भक्षयेन्नित्यं जायते तादृशी प्रजा।। 08–03

दीपक अंधकार को खाता है, इसलिए काले काजल को जन्म देता है। यानी इंसान रोज़ जैसा अन्न खाता है, वैसी ही संतान को जन्म देता है।

व्याख्या : व्यक्ति को अपने भोजन पर ध्यान देना चाहिए, क्योंकि भोजन से ही मनुष्य की स्वाभाविक प्रवृत्तियाँ तय होती हैं। सात्विक भोजन करने

वाले के विचार सात्विक होने की ज़्यादा संभावना रहती है और तामसिक भोजन करने वाले में तामसिक प्रवृत्तियाँ होने की आशंका ज़्यादा रहती है।

प्रेरक विचार : भारी भोजन से आलस और नींद आती है। इसलिए अगर आप चुस्त और फुर्तीले रहना चाहते हैं, तो भोजन की मात्रा और गुणवत्ता दोनों पर ध्यान दें।

सुपात्र को ही दें

वित्तं देहि गुणान्वितेषु मतिमन्नान्यत्र देहि क्वचित्
प्राप्तं वारिनिधेर्जलं घनमुखे माधुर्ययुक्तं सदा।

जीवान्स्थावरजंगमांश्च सकलान्संजीव्य भूमण्डलं
भूयः पश्य तदेव कोटिगुणितं गच्छन्तमम्भोनिधिम्।। 08–04

धन हमेशा गुणवान व्यक्ति को दें, गुणहीन को कभी न दें। क्योंकि मेघों में जाने वाला समुद्र का जल हमेशा शुद्ध और मीठा होकर बरसता है, जीवों-पौधों आदि चराचर सृष्टि को लाभ पहुँचाता है और इसके बाद कई गुना होकर फिर समुद्र में लौट आता है।

व्याख्या : अगर आप गुणी व्यक्ति को कारोबार के लिए पैसे देते हैं, तो वह आपके धन से कारोबार करता है, कई लोगों को नौकरी देता है और अंत में ब्याज समेत वह पैसा आपके पास कई गुना होकर लौट आता है, जबकि कुपात्र को दिया गया धन वापस नहीं लौटता। इस श्लोक में यह भाव भी छिपा है कि धन समुद्र के नमकीन पानी जैसा होता है, लेकिन सुपात्र के पास जाने पर इसकी प्रकृति बदल जाती है और यह मीठा यानी उपयोगी हो जाता है।

प्रेरक विचार : कर्ज़ सुपात्र को ही दें। मूल धन पर आपको कितना ब्याज मिलेगा, यह इतना महत्वपूर्ण नहीं है, जितना यह कि आपको मूल धन वापस मिलेगा या नहीं।

सबसे अधम कौन?

चाण्डालानां सहस्त्रैश्च सूरिभिस्तत्त्वदर्शिभिः।
एको हि यवनः प्रोक्तो न नीचो यवनात्परः।। 08–05

ज्ञानियों के अनुसार एक यवन हज़ार चाण्डालों के बराबर होता है, इसलिए उससे अधम कोई नहीं होता।

व्याख्या : यह श्लोक चाणक्य ने देशभक्ति से प्रेरित होकर लिखा है। यवनों ने भारत पर हमला किया था, इसलिए देशभक्त चाणक्य के मन में उनके प्रति घृणा और नफ़रत के भाव थे। इसी कारण चाणक्य ने उन्हें सबसे अधम घोषित किया है, क्योंकि वे हिन्दू धर्म के विरोधी थे और अधर्म की राह पर चलते थे।

प्रेरक विचार : 'वसुधैव कुटुम्बकम्' वाली बात अपनी जगह है और देशभक्ति व राष्ट्रप्रेम अपनी जगह। हम सभी में देशभक्ति का जज़्बा होना चाहिए।

इसके बाद नहीं नहाए, तो चाण्डाल कहलाएँगे

तैलाऽभ्यङ्गे चिताधूमे मैथुने क्षौरकर्मणि।
तावद्भवति चाण्डालो यावत्स्नानं न चाऽचरेत्।। 08–06

तेल की मालिश, श्मशान यात्रा, स्त्रीभोग करने और बाल कटाने के बाद जब तक मनुष्य स्नान न कर ले, तब तक वह चाण्डाल होता है।

व्याख्या : अर्थ स्वतः ही स्पष्ट है।

प्रेरक विचार : शारीरिक शुद्धता पर विशेष ध्यान देना चाहिए, क्योंकि लोग हमारा मूल्यांकन हमारे हुलिये के आधार पर ही करते हैं। अगर हमारा हुलिया अच्छा नहीं है, तो हम उनकी नज़रों में अच्छी छवि बनाने में कामयाब नहीं हो पाएँगे।

पानी औषधि भी है और विष भी

अजीर्णे भेषजं वारि जीर्णे वारि बलप्रदम्।
भोजने चामृतं वारि भोजनान्ते विषाप्रदम्।। 08–07

पानी अजीर्ण में दवा की तरह काम करता है। भोजन पचने के बाद पानी शरीर का बल बढ़ाता है। भोजन के बीच में पानी अमृत जैसा होता है, लेकिन भोजन के तुरंत बाद पानी विष जैसा होता है।

व्याख्या : यह श्लोक अच्छे स्वास्थ्य का रहस्य है।

प्रेरक विचार : हमें यह जानना चाहिए कि कोई काम कब लाभदायक होता है और इसे कब या कितना करना चाहिए।

कौन नष्टप्राय है?

हतं ज्ञानं क्रियाहीनं हतश्चाऽज्ञानतो नरः।
हतं निर्णायकं सैन्यं स्त्रियो नष्टा ह्यभर्तृकाः।। 08–08

अमल के बिना ज्ञान नष्ट हो जाता है। अज्ञान से मनुष्य नष्ट हो जाता है। सेनापति के बिना सेना नष्ट हो जाती है और पति के बिना पत्नी नष्ट हो जाती है।

व्याख्या : जिस ज्ञान के आधार पर काम नहीं किया जाता, वह ज्ञान नष्ट हो जाता है। अज्ञान के कारण मनुष्य ग़लत काम करता है और नष्ट हो जाता है। सेनापति के मरने पर मार्गदर्शन देने वाला कोई नहीं रहता, इसलिए मनोबल कम होने के कारण सेना नष्ट हो जाती है। पति के न रहने पर पत्नी की रक्षा और मार्गदर्शन के लिए कोई नहीं रहता, इसलिए दुष्ट लोगों की चाल में फँसकर वह नष्ट हो जाती है।

प्रेरक विचार : ज्ञान ग्रहण करें और ज्ञान पर अमल करें। अगर आप पुस्तकें नहीं पढ़ते हैं, तो आपमें और अनपढ़ में क्या फ़र्क़ है? इसी तरह अगर आप अपने ज्ञान पर अमल नहीं करते हैं, तो आपमें और अज्ञानी में क्या फ़र्क़ है?

पुरुषों की तीन विडंबनाएँ

वृद्धकाले मृता भार्या बन्धुहस्तगतं धनम्।
भोजनं च पराधीनं तिस्त्रः पुंसां विडम्बनाः।। 08–09

बुढ़ापे में पत्नी की मृत्यु, पैसा भाइयों के हाथ में चला जाना और भोजन के लिए पराधीन रहना ये पुरुष जीवन की तीन विडंबनाएँ हैं।

व्याख्या : अर्थ स्वतः ही स्पष्ट है।

प्रेरक विचार : भविष्य की सोचें।

भावना ही जड़ है

नाग्निहोत्रं विना वेदा न च दानं विना क्रिया।
न भावेन विना सिद्धिस्तस्माद्भावो हि कारणम्।। 08–10

अग्निहोत्र के बिना वेदों का अध्ययन व्यर्थ है और दान–दक्षिणा के बिना यज्ञ का फल नहीं मिलता। भावना के बिना कोई भी कार्य सिद्ध नहीं होता, अतः भावना ही हर सिद्धि और सफलता का कारण है।

व्याख्या : चाणक्य का अर्थ यह है कि यज्ञ, दान आदि कार्य अगर श्रद्धा भाव से नहीं किए जा रहे हैं और दिखावे के इरादे से किए जा रहे हैं, तो अभीष्ट कार्य सिद्ध नहीं होगा। यानी इंसान के मन का भाव बहुत महत्वपूर्ण होता है।

प्रेरक विचार : भावना या इरादा महत्वपूर्ण होता है, इसलिए सही भावना और इरादे से काम करें।

भावना के बिना देवता नहीं मिलते

न देवो विद्यते काष्ठे न पाषाणे न मृण्मये।
भावे हि विद्यते देवस्तस्माद्भावो हि कारणम्।। 08–11

देवता लकड़ी, पत्थर या मिट्टी की मूर्ति में नहीं रहते हैं। ईश्वर तो मनुष्य की भावना में वास करते हैं, यानी भावना के बिना ईश्वर नहीं मिलता।

व्याख्या : अर्थ स्वतः ही स्पष्ट है।

प्रेरक विचार : अगर आप शिद्दत से कोई काम करते हैं, तो अंततः आप सफल हो जाते हैं, क्योंकि सफलता की आपकी भावना बलवान है।

मनचाही चीज़ कैसे मिले?

काष्ठपाषाणधातूनां दृत्वा भावेन सेवनम्।
श्रद्धया च तथा सिद्धिस्तस्य विष्णुप्रसादतः।। 08–12

श्रद्धा भाव से लकड़ी, पत्थर और धातु की मूर्तियों की पूजा करने पर ईश्वर की कृपा से मनचाही चीज़ प्राप्त होती है।

व्याख्या : अर्थ स्वतः ही स्पष्ट है।

प्रेरक विचार : जो भी करें, पूरी भावना और विश्वास के साथ करें। विश्वास करें कि आप सफल होंगे और आप सचमुच सफल हो जाएँगे।

ये गुण–अवगुण महत्वपूर्ण हैं

शान्तितुल्यं तपो नास्ति न सन्तोषात्परं सुखम्।
न तृष्णयाः परो व्याधिर्न च धर्मो दयापरः।। 08–13

शांति से बड़ा कोई तप नहीं, संतोष से बढ़कर कोई सुख नहीं, तृष्णा से बड़ा कोई रोग नहीं और दयालुता से बढ़कर कोई धर्म नहीं है।

व्याख्या : अर्थ स्वत: ही स्पष्ट है।

प्रेरक विचार : मनुष्य को अपनी भावनाओं पर क़ाबू करना सीखना चाहिए, क्योंकि भावावेग में तर्कशक्ति क्षीण हो जाती है और विवेक काम करना बंद कर देता है। वैज्ञानिकों ने प्रमाणित किया है कि भावावेग में एड्रीनलिन व कॉर्टिसॉन हॉरमोनों के सक्रिय होने की वजह से हमारी तर्कशक्ति काम नहीं करती है, इसीलिए भावनाओं को क़ाबू में रखना बहुत महत्वपूर्ण है।

लाभकारी–हानिकारक गुण

क्रोधो वैवस्वतो राजा तृष्णा वैतरणी नदी
विद्या कामदुधा धेनु: संतोषो नन्दनं वनम्।। 08–14

क्रोध यमराज है। तृष्णा वैतरणी नदी है। विद्या कामधेनु की तरह फल देने वाली है और संतोष इंद्र के उद्यान नंदन वन के समान है।

व्याख्या : अर्थ स्वत: ही स्पष्ट है।

प्रेरक विचार : हमें क्रोध पर नियंत्रण करना सीखना चाहिए, क्योंकि इससे दूसरों के साथ ही हम स्वयं को भी नुक़सान पहुँचाते हैं।

ये चीज़ें आभूषण हैं

गुणो भूषयते रूपं शीलं भूषयते कुलम्।
सिद्धिर्भूषयते विद्यां भोगो भूषयते धनम्।। 08–15

गुण व्यक्ति के रूप की शोभा बढ़ाते हैं, अच्छा आचरण कुल की शोभा बढ़ाता है, सफलता विद्या की शोभा बढ़ाती है और उपभोग धन–संपत्ति की शोभा बढ़ाता है।

व्याख्या : अर्थ स्वत: ही स्पष्ट है।

प्रेरक विचार : आप जो भी काम कर रहे हों, उसमें निपुण बनें, विशेषज्ञ बनें, सफल बनें। हर क्षेत्र में शीर्षस्थ दस प्रतिशत लोगों को सबसे ज़्यादा धन और सम्मान मिलता है। आपका प्रयास होना चाहिए कि आप उस दस प्रतिशत वाले समूह में पहुँचें।

भोग के बिना धन व्यर्थ है

निर्गुणस्य हतं रूपं दु:शीलस्य हतं कुलम्।
असिद्धस्य हता विद्या ह्यभोगेन हतं धनम्।। 08–16

गुणहीन व्यक्ति की सुंदरता नष्ट हो जाती है। बुरे आचरण से कुलनिंदा होती है। असफल व्यक्ति की विद्या व्यर्थ है और भोग के बिना धन व्यर्थ है।

व्याख्या : यह श्लोक ऊपर वाले श्लोक के विचार को ही आगे बढ़ाता है। यानी गुणहीन व्यक्ति की सुंदरता नष्ट हो जाती है। बुरे आचरण से कुल के नाम पर बट्टा लगता है। जिस विद्या से सफलता न मिले, वह विद्या व्यर्थ है और जिस धन का उपभोग न किया जाए, वह धन भी व्यर्थ है।

प्रेरक विचार : धन बचाना अच्छी बात है, लेकिन यह नहीं भूलना चाहिए कि धन हमारे उपयोग के लिए है, इसलिए धन को सेवक मानें, मालिक न बनाएँ।

ये चीज़ें शुद्ध और पवित्र हैं

शुद्धं भूमिगतं तोयं शुद्धा नारी पतिव्रता।
शुचि: क्षेमकरो राजा सन्तोषी ब्राह्मण: शुचि:।। 08–17

धरती से निकलने वाला जल शुद्ध होता है, पतिव्रता नारी पवित्र होती है, कल्याणकारी राजा पवित्र होता है और संतोषी ब्राह्मण पवित्र होता है।

व्याख्या : अर्थ स्वत: ही स्पष्ट है।

प्रेरक विचार : आपको सही विचार, भावना और इरादा रखना चाहिए, क्योंकि अगर विचार सही है, तो काम भी सही होगा और अगर काम सही है, तो परिणाम भी सही होगा।

एक का गुण, दूसरे का अवगुण

असन्तुष्टा द्विजा नष्टाः सन्तुष्टाश्च महीभृतः।
सलज्जा गणिका नष्टा निर्लज्जाश्च कुलांगना।। 08–18

असंतुष्ट ब्राह्मण, संतुष्ट राजा, शर्मीली वेश्या और निर्लज्ज कुलवधू जल्दी ही नष्ट हो जाते हैं।

व्याख्या : ब्राह्मण को संतोषी प्रवृत्ति का होना चाहिए, क्योंकि असंतुष्ट ब्राह्मण अपने कर्तव्य से विमुख हो जाएगा तथा उसकी प्रतिष्ठा पर असर पड़ेगा। लेकिन राजा को संतोष नहीं करना चाहिए, अन्यथा वह अपने राज्य की रक्षा करने में आलसी हो जाएगा और राज्य का विस्तार करने की नहीं सोचेगा। वेश्या में संकोच, लज्जा और शर्म नहीं होने चाहिए, क्योंकि उसके पेशे के हिसाब से निर्लज्जता ही उपयुक्त है, वरना उसका धंधा नहीं चलेगा और वह भूखी मर जाएगी। कुलवधू को निर्लज्ज नहीं होना चाहिए, क्योंकि लज्जा और शर्म उसके आभूषण हैं। निर्लज्ज कुलवधुएँ नष्ट हो जाती हैं, क्योंकि वे मान-मर्यादा का पालन नहीं करती हैं।

प्रेरक विचार : एक गुण किसी के लिए लाभदायक है, तो दूसरे के लिए हानिकारक। यानी गुण अपने आप में अच्छे या बुरे नहीं होते; उनकी परख उचित पृष्ठभूमि में करना चाहिए। आपके कार्यक्षेत्र के हिसाब से कौन से गुण उपयुक्त हैं?

विद्या का सम्मान होता है

किं कुलेन विशालेन विद्याहीनेन देहिनाम्।
दुष्कुलं चापि विदुषो देवैरपि सुपूज्यते।। 08–19

विद्याहीन होकर बड़े कुल में जन्म लेने से भी क्या लाभ? नीच कुल में जन्म लेने वाले विद्वान का सम्मान देवता भी करते हैं।

व्याख्या : अर्थ स्वत: ही स्पष्ट है।

प्रेरक विचार : किसी का सम्मान उसके पद या वंश के आधार पर न करें। इसके बजाय उसकी विद्वत्ता, ज्ञान और गुणों के लिए उसका सम्मान करें, क्योंकि इन्हें मनुष्य स्वयं अर्जित करता है।

विद्वान सर्वश्रेष्ठ होता है

विद्वान्प्रशस्यते लोके विद्वान् सर्वत्र पूज्यते।
विद्यया लभते सर्व विद्या सर्वत्र पूज्यते।। 08–20

विद्वान की पूरे संसार में प्रशंसा और पूजा होती है। विद्या से सारी चीज़ें प्राप्त होती हैं, इसलिए विद्या की हर जगह पूजा होती है।

व्याख्या : अर्थ स्वत: ही स्पष्ट है।

प्रेरक विचार : यश और सम्मान चाहिए, तो विद्या ग्रहण करने या निपुण बनने पर ध्यान केंद्रित करें। विद्या या योग्यता की वजह से ही मनुष्य को धन, सम्मान, यश सब कुछ मिलता है, अत: इसे सर्वाधिक महत्व दें।

ये लोग धरती पर बोझ होते हैं

मांसभक्ष्यैः सुरापानैर्मूर्खैश्चाक्षरवर्जितैः।
पशुभिः पुरुषाकारैर्भाराऽक्रान्ता हि मेदिनी।। 08–21

मांसाहारी, शराबी, मूर्ख और निरक्षर - इन मनुष्यरूपी जानवरों के बोझ से यह पृथ्वी दबी जा रही है।

व्याख्या : शराबी शराब के नशे में पशुवत व्यवहार करता है, मूर्ख और निरक्षर में ज्ञान न होने के कारण वह पशुवत होता है, क्योंकि बुद्धि ही पशुओं और मनुष्यों के बीच का अंतर है। मांसाहारियों को जानवर जैसा संभवतः इसलिए कहा गया होगा, क्योंकि मांसाहार से मनुष्य में तामसिक प्रवृत्तियाँ आ जाती हैं, इसलिए वह बुरे काम और आचरण करता है।

प्रेरक विचार : समाज के लिए उपयोगी बनें और अपनी बुद्धि का इस्तेमाल करके मानव योनि को सार्थक बनाएँ।

एक भी ग़लती बरबाद कर सकती है

अन्नहीनो दहेद्राष्ट्रं मन्त्रहीनश्च ऋत्विजः।
यजमानं दानहीनो नास्ति यज्ञसमो रिपुः।। 08–22

जो यज्ञ देश को अन्नहीन करता हो, जिसमें मंत्र न जानने वाले पुरोहित हों, जिसके यजमानों में दान देने की भावना न हो, ऐसे त्रुटिपूर्ण यज्ञ से बड़ा शत्रु पूरे संसार में नहीं है।

व्याख्या : अर्थ स्वतः ही स्पष्ट है।

प्रेरक विचार : कोई भी काम पूरी विधि से करना चाहिए तथा शून्य त्रुटि के सिद्धांत का पालन करना चाहिए, जो सिक्स सिग्मा का मूल मंत्र है।

रोचक प्रसंग

एक दिन एक मशहूर व्यक्ति चाणक्य के पास आकर बोला, 'कुछ समय पहले मैंने आपके मित्र के बारे में एक बात सुनी थी।'

चाणक्य ने कहा, 'आपकी बात सुनने से पहले मैं इसका परीक्षण तीन कसौटियों पर करना चाहूँगा।'

'कौन सी तीन कसौटियाँ?'

'पहली कसौटी है सत्य। क्या आपको पक्का यक़ीन है कि आप जो कहने वाले हैं, वह सच है?'

'नहीं, मैंने इसे बस कहीं सुना है।'

'तो अब अगला परीक्षण करें, क्या यह अच्छी बात है। क्या आप मेरे मित्र के बारे में कोई अच्छी बात बताने वाले हैं?'

'नहीं तो, यह तो बुरी बात है।'

'तो फिर तीसरा परीक्षण करते हैं। आप मुझे जो बताने वाले हैं, क्या वह मेरे लिए उपयोगी है?'

'नहीं, बिलकुल नहीं।'

इस पर चाणक्य ने कहा, 'आप मुझे जो बताने वाले हैं, वह न तो सच है, न ही अच्छी बात है, न ही मेरे लिए उपयोगी है, तो फिर आप मुझे क्यों बता रहे हैं? इस तरह की बातों से किसी का भला नहीं होता, इसलिए बेहतर यही है कि आप मुझे वह बात न बताएँ।'

चाणक्य की बात सुनकर वह मशहूर व्यक्ति निरुत्तर हो गया।

अध्याय नौ

मुक्ति चाहिए, तो यह करें

मुक्तिमिच्छसि चेत्तात विषयान्विषवत्त्यज।
क्षमाऽर्जवदयाशौचं सत्यं पीयूषवत्पिव।। 09–01

यदि मुक्ति चाहिए, तो विषयों को विष मानकर हृदय से निकाल दें। क्षमा, सहनशीलता, दया, पवित्रता और सत्य जैसे अच्छे गुणों को अमृत की तरह ग्रहण करें।

व्याख्या : इसका अभिप्राय यह है कि यदि कोई व्यक्ति मोक्ष या मुक्ति चाहता है, तो उसे इंद्रियसुखों में आसक्ति त्याग देना चाहिए यानी इच्छाओं पर अंकुश लगाना चाहिए। विषयासक्ति मोह–माया में फँसाए रखती है, इसलिए इसके जाल को काटे बिना मोक्ष नहीं मिल सकता।

प्रेरक विचार : अच्छे गुण अमृत की तरह हितकारी होते हैं, जबकि इंद्रिय सुख के चक्कर में मनुष्य बरबाद हो जाता है। ध्यान रहे, आपको दोतरफ़ा प्रयास करने होते हैं। एक तो बुरी चीज़ों को छोड़ना होता है और दूसरे अच्छी चीज़ों को अपनाना होता है। यही सफलता का मार्ग भी है।

घर का भेदी लंका ढाए!

परस्परस्य मर्माणि ये भाषन्ते नराधमाः।
त एव विलयं यान्ति वल्मीकोदरसर्पवत्।। 09–02

जो लोग अपने भेद दूसरों के सामने उजागर करते हैं, वे उसी तरह नष्ट हो जाते हैं, जैसे बाँबी में फँसकर साँप नष्ट हो जाता है।

व्याख्या : अर्थ स्वत: ही स्पष्ट है।

प्रेरक प्रसंग : अपने रहस्य किसी के सामने उजागर न करें, क्योंकि जिस व्यक्ति को आज आप अपना परम मित्र समझ रहे हैं, वह कल के दिन आपका वैरी भी बन सकता है और अगर उसने आपके रहस्य दूसरों को बता दिए, तो आप तबाह हो सकते हैं।

किसमें क्या कमी है?

गन्धः सुवर्णे फलमिक्षुदण्डे
नाऽकरि पुष्पं खलु चन्दनस्य।

विद्वान्धनाढ्यश्च नृपश्चिरायुः
धातुः पुरा कोऽपि न बुद्धिदोऽभूत्।। 09–03

विधाता ने स्वर्ण में गंध नहीं दी, ईख में फल नहीं लगाए, चंदन में फूल नहीं लगाए, विद्वानों को धनवान नहीं बनाया, न ही राजा को दीर्घायु बनाया, शायद ब्रह्माजी को भी इसकी बुद्धि नहीं थी।

व्याख्या : अर्थात् अगर आप कमी खोजने चलें, तो हर चीज़ में कमी खोजी जा सकती है।

प्रेरक विचार : किसी को भी सब कुछ नहीं मिलता है; कोई न कोई कमी रह ही जाती है। अतः आपको जो नहीं मिला, उसे नज़रअंदाज़ करें और उसी पर ध्यान केंद्रित करें, जो आपको मिला है। सकारात्मक नज़रिया रखें।

सबसे प्रमुख कौन?

सर्वौषधीनाममृता प्रधाना सर्वेषु सौख्येष्वशनं प्रधानम्।
सर्वेन्द्रियाणां नयनं प्रधानं सर्वेषु गात्रेषु शिरः प्रधानम्।। 09–04

सभी औषधियों में अमृत सबसे प्रमुख है। सभी सुखों में भोजन मुख्य है। सभी इंद्रियों में आँखें प्रधान हैं। सभी अंगों में सिर सबसे महत्वपूर्ण है।

व्याख्या : यहाँ चाणक्य ने बताया है कि सबसे महत्वपूर्ण औषधि अमृत (कुछ लोग अमृता शब्द का अर्थ गिलोय भी मानते हैं) है, क्योंकि अमृत जीवन देता है। भोजन सबसे बड़ा सुख है, क्योंकि भोजन न मिले, तो सारे सुख व्यर्थ हैं। आँखें सबसे महत्वपूर्ण इंद्रिय हैं, क्योंकि उनके बिना इंसान पूरी तरह बेबस हो जाता है। शरीर के संदर्भ में सिर सबसे महत्वपूर्ण अंग है (क्योंकि इसमें मस्तिष्क का वास है)।

प्रेरक विचार : सबसे प्रमुख लक्ष्य और सबसे प्रमुख बाधा को पहचानें। जीवन में सफलता पाने का रास्ता बड़ा ही सरल है : अपने सबसे प्रमुख लक्ष्य को पहचानें और फिर उसकी दिशा में तब तक काम करते रहें, जब तक कि वह हासिल न हो जाए।

विद्वान वही, जो भविष्य देख सकता हो

दूतो न संचरति खे न चलेच्च वार्ता
पूर्वं न जल्पितमिदं न च संगमोऽस्ति।

व्योम्नि स्थितं रविशशिग्रहणं प्रशस्तं
जानाति यो द्विजवरः स कथं न विद्वान्।। 09-05

आकाश में कोई दूत नहीं जा सकता, न ही वहाँ किसी से बातचीत हो सकती है, पहले से कुछ पता नहीं है और वहाँ संपर्क का कोई उपाय नहीं है। इसलिए अगर विद्वान लोग सूर्य और चंद्रमा के ग्रहण की पहले से भविष्यवाणी करते हैं, तो उन्हें विद्वान क्यों न मानें?

व्याख्या : अर्थ स्वतः ही स्पष्ट है।

प्रेरक विचार : यदि आप बुद्धिमत्तापूर्ण अनुमान लगाने में माहिर होते हैं, तो आप स्वयं को विद्वान मान सकते हैं। हर समझदार व्यक्ति औसत के नियम के हिसाब से तार्किक अनुमान लगाता है और उसके अनुरूप काम करता है।

इन सातों को जगा दें

विद्यार्थी सेवकः पान्थः क्षुधाऽर्तो भयकातरः।
भाण्डारी प्रतिहारी च सप्त सुप्तान्प्रबोधयेत्।। 09-06

सोने पर इन सातों को जगा दें : विद्यार्थी, सेवक, यात्री, भूख से पीड़ित व्यक्ति, डरा व्यक्ति, ख़ज़ांची और ख़ज़ाने का रक्षक।

व्याख्या : यदि विद्यार्थी सो रहा है, तो उसे इसलिए उठा दें, क्योंकि उसे ज़्यादा से ज़्यादा पढ़ना चाहिए। सेवक को सेवाकर्म करना चाहिए, इसलिए उसे भी उठा दें, वरना अगर उसके मालिक ने उसे सोता देखा, तो वह उसे नौकरी से निकाल देगा। यात्री को नहीं सोना चाहिए, क्योंकि रास्ते में चोरी आदि के बहुत से ख़तरे होते हैं, इसलिए उसे भी जगा दें। भूखे व्यक्ति को

जगा दें, ताकि वह खाने का बंदोबस्त कर ले। डरे हुए व्यक्ति को इसलिए उठा दें, ताकि वह बुरे सपने न देखे। ख़ज़ांची और ख़ज़ाने के रक्षक को इसलिए जगा दें, क्योंकि अगर वही सो गए, तो रक्षा कौन करेगा।

प्रेरक विचार : विद्यार्थी को नींद हराम है, क्योंकि उसका सबसे प्रमुख लक्ष्य स्वास्थ्य नहीं, ज्ञान है। वैसे भी उस उम्र में स्वास्थ्य का मामला हॉरमोन सँभाल लेते हैं।

इन सातों को कभी न जगाएँ

अहिं नृपं च शार्दूलं वराटं च बालकं तथा।
परश्वानं च मूर्खं च सप्त सुप्तान्न बोधयेत्।। 09–07

साँप, राजा, शेर, बर्र, बालक, दूसरे के कुत्ते और मूर्ख मनुष्य – इन सात लोगों को नींद से नहीं जगाना चाहिए।

व्याख्या : ये सातों अगर जाग गए, तो आपके लिए समस्या खड़ी हो जाएगी और आपका नुक़सान होने की आशंका बढ़ जाएगी, इसलिए इन्हें सोया रहने दें। इसी में आपकी भलाई है।

प्रेरक विचार : सब कुछ सापेक्ष होता है। किसे जगाना है और किसे नहीं जगाना है, यह बहुत से कारणों पर निर्भर करता है।

ये ब्राह्मण कहलाने लायक़ नहीं हैं

अर्थाऽधीताश्च यैर्वेदास्तथा शूद्रान्नभोजनाः।
ते द्विजाः किं करिष्यन्ति निर्विषा इव पन्नगाः।। 09–08

जो पैसे कमाने के लिए वेदाध्ययन करते हैं और नीच लोगों का अन्न खाते हैं, वे ब्राह्मण विषहीन साँप की तरह कुछ नहीं कर सकते।

व्याख्या : वेदों का अध्ययन धन की नहीं, ज्ञान की ख़ातिर करना चाहिए,

तभी पूरी विद्या आएगी। इसी तरह नीच लोगों की नौकरी करने वाला व्यक्ति भी सुखी नहीं रह सकता, क्योंकि वह अपने ज्ञान का ग़लत इस्तेमाल करेगा। जो ये दो काम करता है, वह विषहीन साँप जैसा होता है, जिसमें कोई शक्ति नहीं होती।

प्रेरक विचार : धन की नहीं, ज्ञान की ख़ातिर काम करें। ज्ञान की ख़ातिर काम करने पर धन अपने आप आएगा, क्योंकि धन हमेशा सह-उत्पाद यानी बाय-प्रॉडक्ट होता है।

कौन आपका कुछ नहीं बिगाड़ सकता?

यस्मिन्रुष्टे भयं नास्ति तुष्टे नैव धनाऽगमः।
निग्रहोऽनुग्रहो नास्ति स रुष्टः किं करिष्यति।। 09-09

जिसके नाराज़ होने पर कोई डर नहीं है, जिसके ख़ुश होने पर पैसे मिलने की आशा नहीं है, जो दंड या इनाम न दे सकता हो, वह नाराज़ होने पर भी क्या बिगाड़ लेगा?

व्याख्या : जो ऊँचे पद पर नहीं है, धनवान नहीं है, दंड देने की स्थिति में नहीं है, उसके रूठने या ख़ुश होने का कोई महत्व नहीं होता।

प्रेरक विचार : ऐसी परिस्थिति बनाने की कोशिश करें, जहाँ आपका रूठना या ख़ुश होना महत्वपूर्ण हो। अर्थात् अमीर और महत्वपूर्ण बनें।

डर बनाकर रखें

निर्विषेणाऽपि सर्पेण कर्तव्या महती फणा।
विषमस्तु न चाप्यस्तु घटाटोपो भयङ्करः।। 09-10

विषहीन होने के बाद भी साँप को अपनी रक्षा के लिए फन फैलाकर डरावनी फुफकार निकालना चाहिए, ताकि लोग भयभीत रहें।

व्याख्या : कमज़ोर व्यक्ति को भी शक्ति का दिखावा या आडंबर करना चाहिए, ताकि बाक़ी लोग उससे फ़ायदा न उठाएँ या उसे नुक़सान न पहुँचाएँ। बड़बोले लोग अपनी कमज़ोरी को अक्सर इसी तरह छिपाते हैं। थोथा चना बाजे घना कहावत का भी यही भाव है।

प्रेरक विचार : शक्ति न होने के बावजूद शक्ति का प्रदर्शन करना आडंबर की श्रेणी में आता है, इसलिए आडंबर को पहचानना सीखें।

दिनचर्या हो तो ऐसी!

प्रातर्द्यूतप्रसंगेन मध्यान्हे स्त्रीप्रसंगत:।
रात्रौ चौरप्रसंगेन कालो गच्छन्ति धीमताम्।। 09–11

बुद्धिमान व्यक्ति प्रात:काल में जुए पर चर्चा करता है, दोपहर को स्त्रियों की गतिविधियों पर बात करता है और रात को चोरी के कामों के बारे में सुनता है।

व्याख्या : इसका अर्थ है कि विद्वानों को सुबह महाभारत और दोपहर में रामायण पढ़ना चाहिए और शाम को श्रीमद्भागवत सुनना चाहिए। विद्वान लोग सुबह महाभारत का अध्ययन करके यह सीखते हैं कि बुरी आदतों से कैसे बचना चाहिए। दोपहर में वे स्त्री के प्रति आसक्ति का अध्ययन करते हैं, जो विनाश का कारण बनती है। इससे वे सीखते हैं कि मनुष्य को इंद्रियों का दास नहीं बनना चाहिए, क्योंकि पराई स्त्री पर बुरी नज़र डालने के कारण ही रावण का विनाश हुआ था। रात को विद्वान लोग भगवान कृष्ण की बाललीलाओं की कथा पढ़ते हैं। इससे उन्हें माया और मोह की वास्तविकता का ज्ञान होता है।

प्रेरक विचार : निरंतरता महत्वपूर्ण है और ज़्यादातर लोग अपने लक्ष्य हासिल करने में इसीलिए असफल रह जाते हैं, क्योंकि वे निरंतरता क़ायम नहीं रख पाते।

मनचाही चीज़ चाहिए, तो ये काम ख़ुद करें

स्वहस्तग्रथिता माला स्वहस्तघृष्टचन्दनम्।
स्वहस्तलिखितं स्तोत्रं शक्रस्यापि श्रियं हरेत्।। 09-12

अपने हाथ से माला गूँथकर, चंदन घिसकर और स्त्रोत लिखकर आप इंद्र के वैभव को प्राप्त कर सकते हैं।

व्याख्या : इसका अर्थ यह है कि ये काम ख़ुद करने पर ही श्रेष्ठ फल मिलता है, क्योंकि मुख्य बात ये काम करना नहीं है, बल्कि इनके पीछे की भावना है और भावना तभी आएगी, जब आप ये काम ख़ुद करेंगे।

प्रेरक विचार : अपने लक्ष्य तक पहुँचने के लिए स्वयं प्रयास करें और ज़्यादा से ज़्यादा साधनों का इस्तेमाल करें।

इनका मर्दन करने से गुण बढ़ते हैं

इक्षुदण्डास्तिलाः क्षुद्राः कान्ता हेम च मेदिनी।
चन्दनं दधि ताम्बूलं मर्दनं गुणवर्धनम्।। 09-13

इन सबका मर्दन करने से इनके गुण बढ़ते हैं : ईख, तिल, ओछे लोग, स्त्री, स्वर्ण, धरती, चंदन, दही और पान।

व्याख्या : गन्ने को जितना ज़्यादा पेरेंगे, उतना ही ज़्यादा रस निकलेगा। तिल को जितना दबाएँगे, उतना ही ज़्यादा तेल मिलेगा। ओछे लोग दबाव डालने पर ही बात मानते हैं। स्त्री को संभोग में दबाने से संतुष्टि मिलती है। सोने को पीटने-तपाने से उसमें निखार आता है। भूमि पर जितना हल चलाएँगे, उतनी ही ज़्यादा फ़सल मिलेगी। चंदन को घिसने पर ही पूजा में उसका उपयोग हो सकता है। दही को जितना ज़्यादा मथेंगे या बिलोएँगे, उतना ही ज़्यादा मक्खन बनेगा। पान को जितना ज़्यादा चबाएँगे, उतना ही ज़्यादा रस आएगा।

प्रेरक विचार : अगर हम अपने अहं का मर्दन कर लें, तो हमारे गुणों में भी वृद्धि होगी। अहंकार योग्यता के बावजूद मनुष्य को सफल नहीं होने देता है, इसलिए अहंकार से मुक्ति पा लें।

इनका तोड़ ये है

दरिद्रता धीरतया विराजते कुवस्त्रता शुभ्रतया विराजते
कदन्नता चोष्णतया विराजते कुरूपता शीलतया विराजते।। 09–14

धैर्य होने पर ग़रीबी, साफ़ रहने से साधारण वस्त्र, गरम करने से बासी भोजन और अच्छे व्यवहार से कुरूपता भी अच्छी लगती है।

व्याख्या : अर्थ यह है कि अच्छे गुण हर कमी की भरपाई कर सकते हैं।

प्रेरक विचार : कई बार परिस्थितियाँ विपरीत होती हैं और समय बुरा रहता है। ज़ाहिर है, परिस्थितियों पर इंसान का वश नहीं होता है, लेकिन अपनी प्रतिक्रिया पर तो उसका वश होता है। चाहे कैसी भी परिस्थिति हो, मनुष्य ईश्वर में विश्वास रखकर उससे मुक़ाबला कर सकता है और अपने कार्यों से परिस्थितियों के ऊपर उठ सकता है।

रोचक प्रसंग

चाणक्य अखंड भारत के स्वप्नदृष्टा थे। एक बार वे देश की रक्षा की ख़ातिर राजाओं का समर्थन लेने के लिए राज्यों की यात्रा पर गए।

एक राजा ने चाणक्य को रत्नजड़ित तलवार भेंट की। इस पर चाणक्य ने कहा कि मुझे ज़्यादा ख़ुशी होगी, अगर आप इस सुंदर तलवार के बजाय मुझे एक सुई दे दें।

राजा हैरान रह गया। इस पर चाणक्य बोले, तलवार काटती और अलग करती है, लेकिन सुई सिलती और जोड़ती है। मैं सुई इसीलिए चाहता हूँ, ताकि पूरे भारत को एकता के सूत्र में पिरो सकूँ। यह सुनकर राजा की आँखें खुल गई और उसने भारत के उस महान सपूत को नमन करते हुए अखंड भारत में योगदान देने का वचन दे दिया।

अध्याय दस

बुद्धि श्रेष्ठ या धन?

धनहीनो न हीनश्च धनिक: स सुनिश्चय:।
विद्यारत्नेन यो हीन: स हीन: सर्ववस्तुषु।। 10-01

निश्चय और बुद्धि से संपन्न निर्धन व्यक्ति को भी दीन-हीन नहीं समझना चाहिए, अपितु जिस मनुष्य के पास विद्या का अनमोल रत्न नहीं है, उसे हर वस्तु से दीन-हीन समझना चाहिए।

व्याख्या : अर्थ स्वत: ही स्पष्ट है।

प्रेरक विचार : निश्चय और बुद्धि के तालमेल से चमत्कार हो सकते हैं। आज़माकर देख लें।

कहाँ–कहाँ सावधानी रखें?

ष्टिपूतं न्यसेत्पादं वस्त्रपूतं पिबेज्जलम्।
शास्त्रपूतं वदेद्वाक्य: मन:पूतं समाचरेत्।। 10–02

देख–भालकर अपना क़दम आगे रखें। पानी कपड़े से छानकर पिएँ। शास्त्रसम्मत बातें ही कहें। मन में आने वाले विचार पर अच्छी तरह चिंतन–मनन करने के बाद ही उस पर काम करें।

व्याख्या : कोई भी काम करने से पहले उसके संभावित परिणामों पर सोच–विचार अवश्य करें। यानी हर काम के बारे में जागरूक रहें।

प्रेरक विचार : हमें कौन सा काम करना चाहिए, उसके सकारात्मक–नकारात्मक पहलुओं को हमें उतनी ही अच्छी तरह तौलना चाहिए, जिस तरह सुनार सोने को तौलता है।

विद्यार्थी जीवन काँटों की राह है

सुखार्थी चेत्त्यजेद्विद्यां विद्यार्थी चेत्त्यजेत्सुखम्।
सुखार्थिन: कुतो विद्या विद्यार्थिन: कुतो सुखम्।। 10–03

जो सुख चाहता है, उसे विद्या प्राप्त करने की कोशिश छोड़ देनी चाहिए। और अगर विद्या प्राप्त करने की इच्छा है, तो सुख का त्याग कर देना चाहिए। सुख चाहने वाले को विद्या कैसे मिल सकती है? विद्यार्थी को सुख कैसे मिल सकता है?

व्याख्या : अर्थात् विद्यार्थी के लिए विद्या और सुख परस्पर विरोधी नज़र आते हैं, जिनमें से उसे किसी एक का चुनाव करना होता है। जो विद्या को चुनता है, वह ज्ञानी बनता है; जो सुख को चुनता है, वह अज्ञानी बनता है।

प्रेरक विचार : अगर आप कुछ पाना चाहते हैं, तो आपको उसकी क़ीमत चुकानी होगी। अगर आप विद्या प्राप्त करना चाहते हैं, तो आपको रातों की नींद कुरबान करनी होगी, यारी-दोस्ती को सीमित करना होगा, मनोरंजन को तिलांजलि देनी होगी, जीभ के स्वाद पर क़ाबू रखना होगा और अपनी सारी इंद्रियों पर नियंत्रण रखना होगा।

ये लोग कुछ भी कर सकते हैं

कवय: किं न पश्यन्ति किं न कुर्वन्ति योषित:।
मद्यपा: किं न जल्पन्ति किं न भक्षन्ति वायसा:।। 10-04

कवि अपनी कल्पना से क्या नहीं देख सकता, स्त्री भावावेग में क्या नहीं कर सकती, शराबी नशे में क्या नहीं बोल सकता और ऐसा क्या है, जो कौआ खा नहीं सकता?

व्याख्या : कवि अपनी कल्पना की शक्ति से वो भी देख सकते हैं, जो पूरी सृष्टि में कहीं पर भी मौजूद नहीं है। स्त्री जिद्द में आकर बहुत दुस्साहस दिखा सकती है और भावावेग में कुछ भी कर सकती है। शराबी नशे में कुछ भी बोल सकता है और कौआ हर अच्छी-बुरी चीज़ खा सकता है।

प्रेरक विचार : कल्पना की शक्ति से आप अपने भविष्य का सपना देख सकते हैं। और अगर आप अपने स्वप्न पर विश्वास करके उसकी दिशा में मेहनत करें, तो आप उसे साकार भी कर सकते हैं।

भाग्य सब कुछ बदल सकता है

रंकं करोति राजानं राजानं रंकमेव च।
धनिनं निर्धनं चैव निर्धनं धनिनं विधि:।। 10-05

विधि यानी भाग्य रंक को राजा बना सकता है और राजा को रंक। यह धनी को निर्धन बना सकता है और निर्धन को धनवान।

व्याख्या : अर्थ स्वत: स्पष्ट है।

प्रेरक विचार : निश्चित रूप से सफलता में भाग्य की भूमिका होती है, लेकिन जब तक आप लगनशील प्रयास नहीं करेंगे, तब तक आपका भाग्य जाग्रत नहीं होगा। फल भाग्य के हाथ में है, लेकिन कर्म तो आपके हाथ में है।

कौन किसका शत्रु है?

लुब्धानां याचक: शत्रुर्मूर्खानां बोधको रिपु:।
जारस्त्रीणां पति: शत्रुश्चौराणां चन्द्रमा रिपु:।। 10–06

लोभी का दुश्मन पैसे माँगने वाला, मूर्ख का शत्रु बुद्धिमान, व्यभिचारिणी स्त्री का शत्रु पति और चोर का शत्रु चंद्रमा है।

व्याख्या : अर्थ यह है कि जो भी किसी के मनचाहे काम में रुकावट या बाधा डालता है, वह उसे अपना शत्रु ही नज़र आता है।

प्रेरक विचार : अगर आप योग्य या सफल बनते हैं, तो आपसे ईर्ष्या करने वाले लोगों की संख्या बढ़ जाएगी। इसलिए अगर लोग आपसे ईर्ष्या कर रहे हैं, तो दिल छोटा न करें, बल्कि यह मान लें कि आप ईर्ष्या करने वालों से ज़्यादा ऊपर उठ चुके हैं, तभी वे आपसे ईर्ष्या कर रहे हैं।

ये लोग जानवरों जैसे हैं

येषां न विद्या न तपो न दानं
ज्ञानं न शीलां न गुणो न धर्मः।

ते मर्त्यलोके भुवि भारभूता
मनुष्यरूपेण मृगाश्चरन्ति।। 10–07

जिन मनुष्यों के पास न विद्या है, न तप है, न दान है, न ज्ञान है, न चरित्र में शील है, न गुण है, न ही धर्म है, वे इस धरती पर बोझ हैं और जानवरों की तरह मनुष्य रूप में रहते हैं।

व्याख्या : अर्थ स्वतः ही स्पष्ट है।

प्रेरक विचार : मनुष्य इस पृथ्वी पर सर्वश्रेष्ठ प्राणी है और उसे अपने आचरण, वाणी तथा विचारों से इस बात को साबित करना चाहिए। ज़्यादातर लोग पशुओं के स्तर पर ही रहते हैं और संग्रह, इंद्रिय सुख तथा मनोरंजन में ही पूरा जीवन बिता देते हैं।

इन्हें उपदेश न दें

अन्तःसारविहीनानामुपदेशो न जायते।
मलयाचलसंसर्गात् न वेणुश्चन्दनायते।। 10–08

यदि अंदर से योग्यता या बुद्धि नहीं है, तो बुद्धिमत्तापूर्ण उपदेशों से कोई फ़ायदा नहीं होता, जैसे मलयाचल पर्वत से आने वाली चंदन की ख़ुशबूदार हवा के संपर्क में आने के बाद भी बाँस चंदन नहीं बनता।

व्याख्या : अच्छे साथ का प्रभाव उन लोगों पर पड़ता है, जिनकी प्रवृत्ति और प्रकृति भी वैसी ही हो। जिसमें विवेक यानी अच्छा-बुरा सोचने की शक्ति ही न हो, वह भला क्या सीख सकता है?

प्रेरक विचार : हम दूसरों की बुरी आदतें ज़्यादा जल्दी सीखते हैं और अच्छी आदतें कम सीख पाते हैं।

शास्त्र से किसे लाभ नहीं होता?

यस्य नास्ति स्वयं प्रज्ञा शास्त्रं तस्य करोति किम्।
लोचनाभ्यां विहीनस्य दर्पण: किं करिष्यति।। 10–09

जिसके अंदर बुद्धि नहीं है, उसे शास्त्र से कैसे लाभ हो सकता है? जिसके पास नेत्र नहीं हैं, उसे दर्पण से कैसे लाभ हो सकता है?

व्याख्या : यानी अगर बुद्धि नहीं है, तो शास्त्र पढ़ने से भी कोई लाभ नहीं हो सकता। अर्थात् यह शास्त्रों की नहीं, बल्कि व्यक्ति की कमी है कि शास्त्र उसका भला नहीं कर सकते।

प्रेरक विचार : पहले नींव तैयार करें, क्योंकि जब तक नींव नहीं होगी, तब तक इमारत खड़ी नहीं हो सकती। इसलिए अगर आप सफलता का महल बनाना चाहते हैं, तो उससे पहले ख़ुद को उस सफलता के क़ाबिल बनाएँ।

बुरे व्यक्ति को सुधारने की कोशिश न करें

दुर्जनं सज्जनं कर्तुमुपायो नहि भूतले।
अपानं शतधा धौतं न श्रेष्ठमिन्द्रियं भवेत्।। 10–10

बुरे व्यक्ति को अच्छा बनाने का कोई उपाय पूरे संसार में कहीं नहीं है। मल त्याग करने वाली गुदा को हज़ार बार धोने पर भी वह श्रेष्ठ इंद्रिय नहीं बन सकती।

व्याख्या : अर्थात् दुर्जन या दुष्ट व्यक्ति को लाख समझाने के बावजूद वह अपनी स्वाभाविक प्रवृत्ति के अनुसार बुरे काम करता रहेगा।

प्रेरक विचार : किसी दूसरे को सुधारना या उसकी आदतें या स्वभाव बदलवाना सीधे आपके नियंत्रण में नहीं होता। आपका इस संसार में सिर्फ़ एक ही व्यक्ति पर नियंत्रण होता है – स्वयं पर।

द्वेष आत्मघाती है

आत्मद्वेषाद्भवेन्मृत्युः परद्वेषात् धनक्षयः।
राजद्वेषाद्भवेन्नाशो ब्रह्मद्वेषात् कुलक्षयः।। 10–11

स्वयं से द्वेष करने पर मृत्यु होती है, दूसरों से द्वेष करने से धन की हानि होती है, राजा से द्वेष करने पर व्यक्ति का विनाश होता है, जबकि ब्राह्मण से द्वेष करने पर समूचे कुल का नाश होता है।

व्याख्या : अर्थ स्वतः ही स्पष्ट है।

प्रेरक विचार : द्वेष या क्रोध वह आग है, जिसमें आप सामने वाले को जलाना चाहते हैं, लेकिन जो आपको जला देती है, इसलिए सावधान रहें और क्षमा करना सीखें, ताकि आप सुख-चैन से रह सकें। किसी से द्वेष न करना सर्वश्रेष्ठ नीति है।

सब कुछ करें, लेकिन यह न करें

वरं वनं व्याघ्रगजेन्द्रसेवितं
द्रुमालयं पत्रफलाम्बुसेवनम्।

तृणेषु शय्या शतजीर्णवल्कलं
न बन्धुमध्ये धनहीनजीवनम्।। 10–12

भले ही शेर-हाथी से भरे जंगल में रहकर फल-फूल-पत्ती खा लें, घास की शैया पर सो लें, वस्त्रों की जगह पेड़ों की छाल लपेट लें, लेकिन धनहीन होकर रिश्तेदारों के बीच जीवन कभी न गुज़ारें।

व्याख्या : चाणक्य के कहने का आशय यह है कि अगर आप जंगल में रहकर फल-फूल खाते हैं, प्रकृति की गोद में सोते हैं, तो आप अपमान से बचे रहते हैं, लेकिन अगर आप धनहीन होकर रिश्तेदारों के साथ रहते हैं,

तो आपको पल-पल उनके अपमान और उपेक्षा के तीर झेलने पड़ते हैं।

प्रेरक विचार : धनहीन व्यक्ति को रिश्तेदारों के ताने सुनने पड़ते हैं, इसलिए संकल्प लें कि आप धनहीन नहीं रहेंगे, बल्कि अमीर बनेंगे।

पत्तों पर नहीं, जड़ पर ध्यान दें

विप्रो वृक्षस्तस्य मूलं च सन्ध्या

वेदाः शाखा धर्मकर्माणि पत्रम्।
तस्मान्मूलं यत्नतो रक्षणीयं

छिन्ने मूले नैव शाखा न पत्रम्।। 10-13

ब्राह्मण वृक्ष है, संध्या उसकी जड़ है (प्रातः, दोपहर और शाम को की जाने वाली प्रार्थना), वेद उसकी शाखाएँ हैं और धर्म-कर्म उसके पत्ते हैं। इस जड़ की रक्षा करने की कोशिश करनी चाहिए, क्योंकि जड़ के नष्ट होने पर शाखा और पत्ते भी नहीं बच पाएँगे।

व्याख्या : इस श्लोक में वृक्ष की उपमा के माध्यम से चाणक्य ने ईश्वर की आराधना की महिमा बताई है।

प्रेरक विचार : जड़ सबसे महत्वपूर्ण होती है। ज़्यादातर बार हम अपनी बुरी आदतों के पत्ते तोड़कर ही सोचते हैं कि हमने उसे ख़त्म कर दिया, लेकिन वह बुरी आदत तब तक क़ायम रहेगी, जब तक कि उसकी जड़ को नष्ट न कर दिया जाए।

धरती स्वर्ग कब होती है

माता च कमलादेवी पिता देवो जनार्दनः।
बान्धवा विष्णुभक्ताश्च स्वदेशो भुवनत्रयम्।। 10–14

जिसकी माँ लक्ष्मी जैसी हों, पिता विष्णु भगवान जैसे हों और रिश्तेदार विष्णुभक्त हों, तो स्वयं का देश ही त्रिलोक से कम नहीं होता।

व्याख्या : अर्थ स्वतः ही स्पष्ट है।

प्रेरक विचार : संबंधों से सुख भी मिलता है और संबंधों से दुख भी मिलता है। अगर आपको संबंधों से सुख मिल रहा है, तो ख़ुद को सौभाग्यशाली मानें।

अफ़सोस कैसा?

एकवृक्षसमारूढा नानावर्णा विहंगमाः।
प्रभाते दिक्षु दशसु यान्ति का तत्र वेदना।। 10–15

एक वृक्ष पर कई रंगों के पक्षी एक साथ आकर बैठते हैं। सुबह होने पर वे दसों दिशाओं में अलग-अलग उड़ जाते हैं, इसमें दुख क्यों करना?

व्याख्या : चाणक्य का आशय यह है कि जिस तरह वृक्ष पर बैठे पक्षी सुबह अलग-अलग दिशाओं में दाने-पानी की तलाश में चले जाते हैं। उसी तरह परिवार के सदस्य भी संयोग से एक साथ आते हैं और दाने-पानी की तलाश में अलग-अलग जगहों पर चले जाते हैं। इस बात का अफ़सोस नहीं करना चाहिए, क्योंकि संयोग-वियोग तो प्रकृति का नियम है। यह नौकरी के लिए परदेस जाने के बारे में जितना सच है, उतना ही परलोक जाने के बारे में भी सच है।

प्रेरक विचार : किसी व्यक्ति या वस्तु के जाने पर अफ़सोस कैसा? यह तो स्वाभाविक चक्र है। जीवन में बहुत से लोग हमारे बहुत क़रीब आते

हैं और फिर दूर चले जाते हैं। हमें उनके दूर जाने पर अफ़सोस नहीं करना चाहिए, बल्कि यह अहसास करना चाहिए कि कोई हमेशा साथ नहीं रहता।

बुद्धिहीन में बल नहीं होता

बुद्धिर्यस्य बलं तस्य निर्बुद्धेश्च कुतो बलम्।
वने सिंहो यदोन्मत्तः शशकेन निपातितः।। 10–16

बुद्धि में बल होता है, अर्थात् बुद्धिहीन में बल नहीं होता। इसी कारण खरगोश ने अपनी बुद्धि के बल से घमंडी और उन्मत्त शेर को मार डाला था।

व्याख्या : अगर बुद्धि नहीं है, तो मनुष्य को यह समझ ही नहीं आएगा कि वह अपने बल का इस्तेमाल कैसे कर सकता है। यानी बुद्धिहीन व्यक्ति का बल भी उसके काम नहीं आता।

प्रेरक विचार : बुद्धि के विकास की कोशिशें करते रहें। याद रखें, आप जिसे पोषण देते हैं, उसी का विकास होता है।

भक्ति से सब कुछ मिलता है

का चिन्ता मम जीवने यदि हरिर्विश्वम्भरो गीयते
नो चेदर्भकजीवनाय जननीस्तन्यं कथं निर्मयेत्।

इत्यालोच्य मुहुर्मुहुर्यदुपते लक्ष्मीपते केवलं
त्वत्पादाम्बुजसेवनेन सततं कालो मया नीयते।। 10–17

जब हरि सारे संसार का पालन-पोषण करने वाले हैं, तो मैं जीवन में चिंता क्यों करूँ? अगर वे पालन-पोषण करने वाले नहीं होते, तो गर्भ में आते ही माता के स्तनों में दूध कैसे आता? लक्ष्मीपति सर्वत्र विराजमान हैं, इस विश्वास के कारण ही मैं हर पल उनके चरणों में ध्यान लगाए रखता हूँ।

व्याख्या : मतलब यह है कि जीवन में फिजूल चिंता करने की ज़रूरत नहीं है, क्योंकि जिस ईश्वर ने आपको भेजा है, उसने भी आपके जीवन के बारे में सोचा होगा, इसलिए ईश्वर पर भरोसा रखें, क्योंकि वे सबका भरण-पोषण करते हैं। जब बच्चे के जन्म से पहले ही माँ के स्तनों में दूध आ जाता है, तो फिर व्यर्थ की चिंता क्यों करना? इसके बजाय तो ईश्वर भक्ति में समय लगाएँ।

प्रेरक विचार : ईश्वर हो या न हो, लेकिन ईश्वर में विश्वास के कारण आपको बहुत शक्ति मिलती है। लेकिन ध्यान दें, यह शक्ति ईश्वर के कारण नहीं, बल्कि आपके विश्वास के कारण मिलती है।

उत्सुकता बनाए रखें

गीर्वाणवाणीषु विशिष्टबुद्धि-
स्तथापि भाषान्तरलोलुपोऽहम्।

यथा सुराणाममृत स्थितेऽपि
स्वर्गांगनानामधरासवे रुचिः॥ 10-18

यद्यपि मैं संस्कृत भाषा का जानकार हूँ, लेकिन फिर भी दूसरी भाषाओं का लालच रखता हूँ, जिस तरह अमृत पीने के बाद भी देवता स्वर्ग की अप्सराओं के अधरों के रसपान के लिए उत्सुक रहते हैं।

व्याख्या : यहाँ चाणक्य ने बड़ी चतुराई से संस्कृत भाषा को अमृत के समान बताया है और बाक़ी भाषाओं को अप्सराओं के अधरों के समान।

प्रेरक विचार : उत्सुकता बहुत महत्वपूर्ण गुण है, क्योंकि इसी की बदौलत इंसान नई चीज़ें खोजता है। संसार की ज़्यादातर खोजें उत्सुक और उत्साही लोगों ने ही की हैं।

किसमें ज़्यादा गुण होते हैं?

अन्नाद्दशगुणं पिष्टं पिष्टाद्दशगुणं पयः।
पयसोऽष्टगुणं मांसां मांसाद्दशगुणं घृतम्।। 10–19

अन्न से दस गुना शक्ति आटे में है, आटे से दस गुना शक्ति दूध में हैं, दूध से दस गुना शक्ति मांस में है और मांस से दस गुना शक्ति घी में हैं।

व्याख्या : इसका अर्थ है कि घी में सबसे ज़्यादा शक्ति होती है।

प्रेरक विचार : सब कुछ गुणों पर निर्भर करता है।

किससे क्या बढ़ता है?

शाकेन रोगा वर्धन्ते पयसा वर्धते तनुः।
घृतेन वर्धते वीर्य मांसान्मांसं प्रवर्धते।। 10–20

साग या भाजी खाने से रोग बढ़ते हैं, दूध से शरीर बढ़ता है। घी से वीर्य बढ़ता है और मांस से मांस बढ़ता है।

व्याख्या : दूध पीने से शरीर पुष्ट होता है। घी खाने से बल और वीर्य बढ़ता है और मांस खाने से सिर्फ़ मांस ही बढ़ता है। सबसे अनोखी बात यह है कि चाणक्य कहते हैं कि साग या भाजी खाने से रोग बढ़ते हैं, हालाँकि लोकप्रिय मान्यता यह है कि सब्ज़ियाँ खाना स्वास्थ्य के लिए फ़ायदेमंद होता है। लेकिन साग या भाजी खाने से गैस की समस्या उत्पन्न हो जाती है, ख़ास तौर पर अगर इसे कच्चा खाया जाए, क्योंकि इसमें फाइबर होता है। कई व्याख्याकारों ने 'शाकेन' के स्थान पर 'शोकेन' लिखा है, अर्थात् शोक करने से रोग बढ़ते हैं, जो मनोवैज्ञानिक दृष्टि से बिलकुल सही बात है। चिंता करने या अफ़सोस करने से इंसान को सचमुच मानसिक–शारीरिक रोग हो जाते हैं।

प्रेरक : विकास यानी ग्रोथ का लक्ष्य बनाएँ।

रोचक प्रसंग

सिकंदर महान की मृत्यु के बाद उसका सेनापति सेल्यूकस राजगद्दी पर बैठा। वह विशाल सेना लेकर भारत को जीतने निकला। चंद्रगुप्त ने जब उसकी सेना को हरा दिया, तो सेल्यूकस ने आत्मसमर्पण का प्रस्ताव रखा।

चाणक्य ने समर्पण के प्रस्ताव को स्वीकार करते हुए कहा, 'आत्मसमर्पण के साथ तुम्हें अपनी बेटी कॉर्नेलिया की शादी भी चंद्रगुप्त से करनी होगी, वह भी इस शर्त पर कि उसका पुत्र उत्तराधिकारी नहीं होगा।'

सेल्यूकस ने यह शर्त मान ली।

चंद्रगुप्त ने चाणक्य से पूछा कि समर्पण के साथ शादी की शर्त क्यों रखी।

चाणक्य ने कोई जवाब नहीं दिया, बल्कि चंद्रगुप्त को लेकर जंगल की तरफ़ चल दिए। एक जगह रास्ते में काँटे पड़े थे, जो दोनों के पैर में चुभ गए। उन्होंने देखा, तो वहाँ काँटों की एक जंगली बेल थी। चंद्रगुप्त तलवार निकालकर उसे काटने के लिए आगे बढ़े।

चाणक्य ने चंद्रगुप्त को रोकते हुए कहा कि इस तरह सिर्फ़ ऊपरी हिस्सा कटेगा और कुछ समय बाद काँटे फिर से उग आएँगे। इससे बढ़िया तरीक़ा यह है कि इसकी जड़ में दही और गुड़ डाल दो, ताकि चींटियाँ इसकी जड़ को कुछ दिनों में ख़त्म कर दें।

इसके बाद चाणक्य ने चंद्रगुप्त को समझाया कि इसी कारण उन्होंने शादी की शर्त रखी थी।

जब चंद्रगुप्त को इसके बाद भी समझ नहीं आया, तो उन्होंने कहा कि अगर वे सेल्यूकस की पुत्री से चंद्रगुप्त का विवाह नहीं कराते, तो वह कुछ समय बाद ज़्यादा बड़ी सेना लेकर आ जाता, लेकिन अब चंद्रगुप्त उसका

दामाद है, इसलिए वह ऐसा नहीं करेगा और इस तरह भारत अनंत काल तक सुरक्षित रहेगा।

ध्यान रहे, चाणक्य ने दूरंदेशी से कॉर्नेलिया की संतानों को गद्दी न देने की शर्त रखी थी, ताकि विदेशी संतानें भारत पर शासन न कर सकें। इस तरह हम देखते हैं कि चाणक्य सच्चे देशभक्त थे और राष्ट्रहित उनके लिए सर्वोपरि था।

अध्याय 11

ये चार गुण नैसर्गिक होते हैं

दातृत्वं प्रियवक्तृत्वं धीरत्वमुचितज्ञता।
अभ्यासेन न लभ्यन्ते चत्वारः सहजा गुणाः।। 11-01

दान देना, मधुर वचन बोलना, धैर्य और उचित-अनुचित का ज्ञान - ये चार गुण नैसर्गिक या जन्मजात होते हैं, जिन्हें अभ्यास करके नहीं सीखा जा सकता।

व्याख्या : यानी ये चीज़ें आपके जीन्स में या आनुवांशिक होती हैं। यदि हममें ये चीज़ें हैं, तो हम इन्हें बढ़ा तो सकते हैं, लेकिन अगर ये हमारे अंदर नहीं हैं, तो हम उन्हें स्थायी रूप से उत्पन्न नहीं कर सकते।

प्रेरक विचार : चाणक्य की यह बात कुछ हद तक सही है, लेकिन अगर मनुष्य चाहे, तो इनकी भी आदत डाल सकता है। अगर कोई हर दिन भिखारी को एक रोटी दान दे, तो उसकी आदत पड़ जाएगी। इसी तरह वह मधुर वचन बोलना भी सीख सकता है, बशर्ते वह कटु वचन बोलने पर सामने वाले को पचास रुपये का जुर्माना देने की आदत डाल ले।

पराया पराया होता है

आत्मवर्ग परित्यज्य परवर्गं समाश्रयेत्।
स्वयमेव लयं याति यथा राजाऽन्यधर्मतः।। 11–02

स्वयं के समुदाय को छोड़कर दूसरे के समुदाय का सहारा लेने वाला व्यक्ति उसी तरह नष्ट हो जाता है, जिस तरह दूसरे धर्म में आश्रय लेने वाला राजा नष्ट हो जाता है।

व्याख्या : चाणक्य कट्टर देशभक्त और धार्मिक व्यक्ति थे, इसीलिए उन्होंने कहा कि यदि राजा किसी दूसरे धर्म को स्वीकार कर ले, तो वह राजा नष्ट हो जाता है। इसी तरह ख़ुद की जाति को छोड़कर दूसरी जाति में आश्रय लेने वाला व्यक्ति भी नष्ट हो जाता है। एक अन्य अर्थ यह भी लिया जा सकता है कि अपने देश से गद्दारी करके किसी दूसरे देश में आश्रय लेने वाला व्यक्ति नष्ट हो जाता है।

प्रेरक विचार : यह विचार संभवतः धर्मांतरण या विजातीय विवाह के संदर्भ में लागू होता है, लेकिन हमारे पियर ग्रुप या समकक्ष समूह पर लागू नहीं होता। अगर हमारे साथी सही नहीं हैं, तो हमें हमेशा सही साथियों के समूह की तलाश करनी चाहिए।

आकार नहीं, गुण महत्वपूर्ण है

हस्ती स्थूलतनुः स चांकुशवशः किं हस्तिमात्रोऽङ्कुशो
दीपे प्रज्वलिते प्रणश्यति तमः किं दीपमात्रं तमः।

वज्रेणापि हताः पतन्ति गिरयः किं वज्रमात्रं गिरिः
तेजो यस्य विराजते स बलवान्स्थूलेषु कः प्रत्ययः।। 11–03

भारी शरीर वाला हाथी छोटे से अंकुश से वश में रहता है। छोटा सा दीपक जलाने से घना अंधकार नष्ट हो जाता है। छोटे से वज्र के प्रहार से विशाल पर्वत नष्ट हो जाता है। अर्थात् तेजवान ही बलवान होता है; शरीर या आकार बड़ा होने का कोई मतलब नहीं होता।

व्याख्या : अर्थ स्वतः ही स्पष्ट है।

प्रेरक विचार : आकार का शक्ति से कोई संबंध नहीं है; इसका संबंध तो आपकी क्षमता या योग्यता से है।

देवता पृथ्वी छोड़कर कब जाएँगे?

कलौ दशसहस्राणि हरिस्त्यजति मेदिनीम्।
तदर्धं जाह्नवीतोयं तदर्धं ग्रामदेवताः।। 11–04

कलियुग के अंतिम दस हज़ार वर्षों में ईश्वर पृथ्वी छोड़कर चले जाते हैं, पाँच हज़ार वर्ष पूर्व गंगा नदी लुप्त हो जाती हैं और ढाई हज़ार वर्ष पूर्व ग्रामदेवता गाँव छोड़कर चले जाते हैं।

व्याख्या : हम इस श्लोक का यह अर्थ लगा सकते हैं कि जब कलियुग में अधर्म सारी सीमाएँ लाँघ जाएगा, तो ये घटनाएँ होंगी। कुछ व्याख्याकार मानते हैं कि यह श्लोक चाणक्य ने लिखा ही नहीं है, बल्कि किसी ने बाद में जोड़ा है।

प्रेरक विचार : जिस जगह पर बुराई का बोलबाला हो जाता है, अच्छे लोग उस जगह को छोड़कर चले जाते हैं।

किसमें क्या नहीं होता?

गृहाऽसक्तस्य नो विद्या नो दया मांसभोजिनः।
द्रव्यलुब्धस्य नो सत्यं स्त्रैणस्य न पवित्रता।। 11-05

अपने घर का मोह रखने वाले व्यक्ति में विद्या नहीं होती, मांसाहारियों में दया नहीं होती, लोभी में सत्य नहीं होता और स्त्रियों के पीछे भागने वाले में पवित्रता नहीं होती।

व्याख्या : श्लोक के अंतिम शब्दों 'स्त्रैणस्य न पवित्रता' का एक अर्थ यह भी निकाला जा सकता है कि 'स्त्रियों में पवित्रता नहीं होती', जो ज़्यादा सटीक प्रतीत होता है, क्योंकि यह चाणक्य के युग के विचारों के अनुकूल है तथा चाणक्य नीति में दूसरे स्थानों पर व्यक्त विचारों से मेल भी खाता है।

प्रेरक विचार : मुख्य विचार यह है कि अगर आपको विद्या प्राप्त करना है, तो अपने घर-परिवार के मोह को छोड़ना ही पड़ेगा। यही रोज़गार के संदर्भ में भी लागू होता है।

दुष्ट दुष्ट ही रहेगा

न दुर्जनः साधुदशामुपैति
बहुप्रकारैरपि शिक्ष्यमाणः।

आमूलसिक्तः पयसा घृतेन
न निम्बवृक्षो मधुरत्वमेति।। 11-06

जिस तरह नीम की जड़ों में दूध-घी डालने से भी उसमें मीठे फल नहीं लगते, उसी तरह दुर्जन को सब तरह से समझाने पर भी वह सज्जन नहीं बन सकता।

व्याख्या : अर्थ स्वतः ही स्पष्ट है।

प्रेरक विचार : बुरे लोग नहीं सुधरते हैं और वे बुरे काम ही करेंगे, चाहे आप उन्हें कितना भी समझा लें, इसलिए बुद्धिमान मनुष्य को दुर्जन को समझाने का प्रयास नहीं करना चाहिए, अन्यथा दुर्जन उससे चिढ़कर उसका नुक़सान कर सकता है।

किसका तीर्थस्नान व्यर्थ है?

अन्तर्गतमलो दुष्टस्तीर्थस्नानशतैरपि।
न शुध्यति यथा भाण्डं सुराया दाहितं च सत्।। 11-07

जिस दुष्ट व्यक्ति के मन में मैल है, वह सौ बार तीर्थस्नान करने पर भी पवित्र नहीं होता, जिस तरह गरम करने पर भी सुरापात्र को शुद्ध नहीं माना जाता।

व्याख्या : सुरापात्र को चाहे कितना ही तपा लें, उसे शुद्ध नहीं समझा जाता, क्योंकि उसके अंदर बुरी चीज़ है। इसी तरह, दुष्ट व्यक्ति कितना ही तीर्थ कर ले, वह पवित्र नहीं हो सकता, क्योंकि उसके अंदर गंदगी, कलुषित भावनाएँ और बुरे विचार हैं। पाप या अशुद्धता का संबंध शरीर से नहीं, मन से होता है।

प्रेरक विचार : प्राय: देखा जाता है कि भ्रष्टाचारी लोग दान देकर यह मान लेते हैं कि उनके पाप का हिसाब बराबर हो गया है, लेकिन कर्मफल का हिसाब इतनी आसानी से बराबर नहीं होता। अगर आपका मन शुद्ध नहीं है, तो तीर्थस्नान या पूजा-पाठ से कोई लाभ नहीं होगा।

नासमझी निंदा का कारण है

न वेत्ति यो यस्य गुणप्रकर्ष
स तं सदा निन्दति नाऽत्र चित्रम्।

यथा किराती करिकुम्भलब्धां
मुक्तां परित्यज्य बिभर्ति गुंजाम्।। 11–08

किसी के गुणों की श्रेष्ठता न जानने वाले लोग उसकी निंदा करते हैं, जैसे भीलनियाँ हाथी के मस्तक के मोतियों को छोड़कर घुँघची की माला पहनती हैं।

व्याख्या : भीलनी हाथी के सिर के मोती की क़ीमत नहीं जानती, इसलिए वह घुँघची की माला पहनती है। इसी तरह मूर्ख व्यक्ति विद्वान के गुणों को नहीं समझते हैं, इसलिए उसकी निंदा करते हैं। हीरे का सही मूल्य किसान नहीं लगा सकता, उसके लिए जौहरी की ज़रूरत होती है, इसी तरह गुणों का मूल्य गुणग्राही ही लगा सकता है।

प्रेरक विचार : यदि कोई आपकी निंदा करता है, तो उसे व्यक्तिगत न मानें। इसके बजाय यह मानें कि वह अभी या तो आपको पूरी तरह जानता नहीं है या फिर आपके गुणों की श्रेष्ठता को समझने की स्थिति में नहीं है।

मौन भोजन स्वर्ग की राह है

ये तु संवत्सरं पूर्ण नित्यं मौनेन भुंजते।
युगकोटिसहस्त्रं तैः स्वर्गलोके महीयते।। 11–09

जो व्यक्ति एक साल तक हर दिन मौन रहकर भोजन करता है, वह एक करोड़ वर्ष तक स्वर्ग लोक में रहता है।

व्याख्या : इस श्लोक में अतिशयोक्ति का पुट नज़र आता है, क्योंकि बोले बिना भोजन करना हालाँकि अच्छी चीज़ है, लेकिन इसका इतना बड़ा पुरस्कार होना उचित नहीं लगता। कई लोग इसका यह अर्थ लगाते

हैं कि एक साल तक भोजन में कोई कमी न निकालें, तो करोड़ों वर्षो तक स्वर्ग प्राप्त होता है। लेकिन इस अर्थ में भी यह बहुत अतिशयोक्तिपूर्ण है।

प्रेरक विचार : खाते समय मौन रहना विशेष लाभदायक होता है। बोलने से पाचन क्रिया प्रभावित होती है और थूक उड़ता है।

विद्यार्थी को ये आठ चीज़ें नहीं करनी चाहिए

कामक्रोधौ तथा लोभं स्वादुश्रृंगारकौतुके।
अतिनिद्राऽतिसेवे च विद्यार्थी ह्यष्ट वर्जयेत्।। 11-10

ये आठ चीज़ें विद्यार्थी के लिए वर्जित हैं : कामुकता, क्रोध, लोभ, स्वादिष्ट भोजन की इच्छा, श्रृँगार, मन-बहलाव, ज़्यादा सोना और ज़्यादा भोजन करना।

व्याख्या : अर्थ स्वत: ही स्पष्ट है।

प्रेरक विचार : विद्यार्थी को इंद्रिय सुख का त्याग करना चाहिए और अपना पूरा ध्यान विद्या ग्रहण करने में लगाना चाहिए।

ऋषि कौन?

अदृष्टफलमूलानि वनवासरत: सदा।
कुरुतेऽहरह: श्राद्धमृषिर्विप्र: स उच्यते।। 11-11

जो बिना जुती धरती से मिलने वाले फल और कंदमूल खाकर जंगल में रहता है तथा हर दिन पितरों का श्राद्ध करता है, ऐसा ब्राह्मण ऋषि कहलाता है।

व्याख्या : यह सात्विक व प्राकृतिक जीवन का उदाहरण है, क्योंकि वह प्रकृति के दिए उपहार से अपना पेट भरता है तथा धार्मिक कार्य करता है।

प्रेरक विचार : सात्विक लोगों को सात्विक आहार करना चाहिए, ताकि उसके विचार शुद्ध रहें।

द्विज कौन?

एकाहारेण सन्तुष्टः षट्कर्मनिरतः सदा।
ऋतुकालाभिगामी च स विप्रो द्विज उच्यते।। 11-12

जो दिन में एक बार भोजन करके संतुष्ट हो जाता है और हमेशा षट्कर्म करने में लगा रहता है - यज्ञ करना-कराना, वेद पठन-पाठन और दान लेना-देना - एवं संतान उत्पन्न करने के लिए ऋतु काल में ही पत्नी से संसर्ग करता है, ऐसा ब्राह्मण द्विज कहलाता है।

व्याख्या : ब्राह्मण का मुख्य काम पढ़ना-पढ़ाना तथा तप-जप-दान आदि है, इसलिए उसे एक बार के आहार से ही संतुष्ट होना चाहिए और अपना सारा समय धर्मसम्मत कर्म में लगाना चाहिए।

प्रेरक विचार : मनुष्य को संयमित आहार करना चाहिए तथा अपने कर्तव्य में व्यस्त रहना चाहिए।

वैश्य कौन?

लौकिके कर्मणि रतः पशूनां परिपालकः।
वाणिज्यदृषिकर्ता यः स विप्रो वैश्य उच्यते।। 11-13

सदा सांसारिक कामों में लगा रहने वाला, पशुपालक, व्यापार और खेती करने वाला ब्राह्मण वैश्य कहलाता है।

व्याख्या : वैश्य वह है, जो सांसारिक कामों में लगा रहता है, पशुओं को पालता है, व्यापार और खेती करता है।

प्रेरक विचार : यहाँ ध्यान देने वाली बात यह है कि जाति जन्म के आधार पर नहीं, कर्म के आधार पर तय होती है। चूँकि प्राचीन युग में पुत्र प्रायः पिता के ही व्यवसाय को आगे बढ़ाता था, इसलिए यह जाति प्रथा काफ़ी हद तक स्थायी बन गई।

शूद्र कौन?

लाक्षादितैलनीलीनां कौसुम्भमधुसर्पिषाम्।
विक्रेता मद्यमांसानां स विप्रः शूद्र उच्यते।। 11–14

लाख, तेल, नील, कुमकुम, शहद, घी, शराब, मांस आदि बेचने वाला ब्राह्मण शूद्र कहलाता है।

व्याख्या : अर्थ स्वतः ही स्पष्ट है।

प्रेरक विचार : यहाँ वे व्यवसाय शामिल हैं, जिन्हें बनाने में मेहनत लगती है या बुरे कर्म करने पड़ते हैं। संभवतः शूद्र को अस्पृश्य मानने के पीछे कारण यह रहा होगा कि ऐसे काम करने वाले के पास से बुरी गंध आती होगी।

बिलाव कौन?

परकार्यविहन्ता च दाम्भिकः स्वार्थसाधकः।
छली द्वेषी मृदुः क्रूरो विप्रो मार्जार उच्यते।। 11–15

दूसरे के काम बिगाड़ने वाला, घमंडी, स्वार्थपूर्ति में लगा रहने वाला, छलकपट करने वाला, द्वेष रखने वाला, ऊपर से बहुत मीठा किंतु अंदर से क्रूर – ऐसे ब्राह्मण को बिलाव कहा जाता है।

व्याख्या : जो ख़ुद का हित सोचे और दूसरों का अहित सोचे, जो मुँह में राम बग़ल में छुरी का पाखंड करे, ऐसा व्यक्ति इंसान कहलाने का हक़दार नहीं है, इसलिए उसे बिलाव कहना उचित है।

प्रेरक विचार : स्वार्थी और कपटी मनुष्य पशु के समान होता है।

म्लेच्छ कौन?

वापीकूपतडागानामारामसुरवेश्मनाम्।
उच्छेदने निराऽशंक: स विप्रो म्लेच्छ उच्यते।। 11-16

बावड़ी, कुएँ, तालाब, वाटिकाओं और मंदिरों को नष्ट-भ्रष्ट करने में जिसे कोई डर-भय नहीं होता, वह ब्राह्मण म्लेच्छ कहलाता है।

व्याख्या : चाणक्य के युग में जल जैसे सार्वजनिक संसाधनों और मंदिरों को बहुत महत्वपूर्ण माना जाता था और उनका निर्माण परोपकार और पुण्य का काम समझा जाता था। इन्हें नष्ट करने वाला व्यक्ति म्लेच्छ इसलिए है, क्योंकि वह लोगों को कष्ट पहुँचाने वाला काम कर रहा है। ऐसे व्यक्ति को म्लेच्छ कहना उचित ही है।

प्रेरक विचार : जो व्यक्ति दूसरों का उपकार करने के बजाय अपकार करे और सृजन करने के बजाय विध्वंस करे, वह अधम और नीच होता है।

चाण्डाल कौन?

देवद्रव्यं गुरुद्रव्यं परदाराऽभिमर्शनम्।
निर्वाहः सर्वभूतेषु विप्रश्चाण्डाल उच्यते।। 11-17

मंदिरों व गुरुओं का धन चुराने वाला, पराई स्त्री से सहवास करने वाला और सभी जीवों को खाने वाला ब्राह्मण चाण्डाल कहलाता है।

व्याख्या : अर्थ स्वत: ही स्पष्ट है।

प्रेरक विचार : श्रेष्ठ मनुष्य के लिए मर्यादापूर्ण आचरण करना श्रेयस्कर है।

धन कब दुख देता है?

देयं भोज्यधनं सदा सुदृतिभिर्नो संचितव्यं कदा
श्रीकर्णस्य बलेश्च विक्रमपतेरद्यापि कीर्तिः स्थिता।

अस्माकं मधुदानभोगरहितं नष्टं चिरात्संचितं
निर्वाणादिति नैजपादयुगलं घर्षन्त्यहो मक्षिकाः।। 11–18

धन–धान्य का संचय न करके दान देने के कारण कर्ण, बलि और विक्रमादित्य यशस्वी हुए। दान और भोग के बिना धन उसी तरह नष्ट हो जाता है, जिस तरह मधुमक्खियों का चिरकाल से संचित शहद नष्ट हो जाता है। तब वे दुखी होकर हाथ मलती हैं कि हम उसका आनंद नहीं ले पाईं।

व्याख्या : चाणक्य कहते हैं कि संचय के बजाय दान और भोग श्रेष्ठ नीति है, क्योंकि दान व भोग में आनंद मिलता है, जबकि संचित धन के चले जाने पर दुख होता है।

प्रेरक विचार : संचय करने के साथ–साथ दान व उपभोग पर भी ध्यान दें। आप ये सारे काम एक साथ भी कर सकते हैं।

रोचक प्रसंग

एक विदेशी चाणक्य से मिलने आया। उसने गंगा के तट पर नहाते हुए चाणक्य से ही चाणक्य का पता पूछ लिया। चाणक्य ने उसे बताया कि चाणक्य सामने वाली झोपड़ी में रहते हैं।

विदेशी को विश्वास तो नहीं हुआ कि इतने बड़े राज्य का महामंत्री झोपड़ी में रहता होगा, लेकिन फिर भी वह झोपड़ी के अंदर चला गया। झोपड़ी ख़ाली थी। कुछ पल बाद चाणक्य भी वहाँ आ गए और विदेशी ने कहा, यहाँ तो कोई नहीं है। तब चाणक्य ने अपना परिचय देते हुए कहा कि वे ही चाणक्य हैं।

विदेशी ने पूछा, इतने बड़े मौर्य साम्राज्य का महामंत्री इतनी छोटी झोपड़ी में? यह कैसे संभव है?

चाणक्य ने जवाब दिया, 'अगर महामंत्री वैभव का जीवन जिएगा, तो जनता का दुख-दर्द कैसे समझ सकता है, इसीलिए मैं झोपड़ी में रहता हूँ। इसके अलावा अगर शासक सुख-सुविधाओं का भोग करते हैं, तो उनका पूरा ध्यान अपने ऐशोआराम पर केंद्रित हो जाता है और जनता पर केंद्रित नहीं रहता, जिस वजह से राज्य में अराजकता फैलने लगती है।'

यह सुनकर विदेशी ने चाणक्य को साष्टांग प्रणाम किया, क्योंकि वह उनके विचारों से बहुत प्रभावित हुआ था।

अध्याय 12

गृहस्थाश्रम धन्य है

सानन्दं सदनं सुतास्तु सुधियः कान्ता प्रियालापिनी
इच्छापूर्तिधनं स्वयोषिति रतिः स्वाऽज्ञापराः सेवकाः।

आतिथ्यं शिवपूजनं प्रतिदिनं मिष्टान्नपानं गृहे
साधोः संगमुपासते च सततं धन्यो गृहस्थाश्रमः।। 12–01

जिस घर में आनंद है, संतान सुशिक्षित व समझदार है, पत्नी मधुरभाषी है, इच्छापूर्ति के लिए पर्याप्त धन है, सबमें प्रेम है, सेवक स्वामिभक्त है, अतिथि का सत्कार होता है, हर दिन शिवजी का पूजन होता है तथा मिठाई व मधुर पेय बनते हैं और साधु हमेशा आते-जाते रहते हैं, ऐसा गृहस्थाश्रम धन्य है।

व्याख्या : इस श्लोक में चाणक्य ने आदर्श घर या आदर्श गृहस्थ जीवन की विशेषताएँ बताई हैं, जैसे ख़ुशी व प्रेम का माहौल, समझदार संतानें, मधुरभाषी पत्नी, पर्याप्त पैसे, स्वामिभक्त सेवक, अतिथि सत्कार, भजन-पूजन, सुस्वादु भोजन और सज्जनों का स्वागत।

प्रेरक विचार : वैभव का एक पक्ष आर्थिक होता है, जबकि दूसरा पक्ष प्रेम से जुड़ा होता है। अगर परिवार में पैसा तो बहुत है, लेकिन प्रेम नहीं है, तो उस परिवार को वैभवशाली कहना उचित नहीं होगा।

दान सबसे अच्छा निवेश है

आर्तेषु विप्रेषु दयान्वितश्च यत्श्रद्धया स्वल्पमुपैति दानम्।
अनन्तपारमुपैति राजन्यद्दीयते तन्न लभेद्द्विजेभ्य:।। 12–02

दुखी इंसान को दयावश थोड़ा दान देने पर भी देने वाले को अनंत गुना वापस मिलता है।

व्याख्या : दुखी इंसान को (जैसा हम देख चुके हैं, चाणक्य ने विप्र शब्द का प्रयोग व्यक्ति के अर्थ में किया है) दान देने से कई गुना फल मिलता है। एक लाभ तो यह है कि हमें मन ही मन अच्छा काम करने की ख़ुशी मिलती है, जो अपने आप में उसका सुफल है। दूसरा लाभ यह है कि क्रिया और प्रतिक्रिया के नियम के अनुसार हमें अपने उस अच्छे काम का फल मिलता है, जो फ़सल के नियम के कारण कई गुना होकर लौटता है।

प्रेरक विचार : यहाँ दान की महिमा बताई गई है। किसी चीज़ का दान देना उसका बीज बोने जैसा होता है, यानी आपको बदले में कई गुना मिलता है। अगर प्रेम देंगे, तो प्रेम मिलेगा; अगर धन देंगे, तो धन मिलेगा।

जीने की कला यही है

दाक्षिण्यं स्वजने दया परजने शाठ्यं सदा दुर्जने
प्रीति: साधुजने स्मय: खलजने विद्वज्जने चार्जवम्।

शौर्य शत्रुजने क्षमा गुरुजने नारीजने धूर्तता
इत्थं ये पुरुषा कलासु कुशलास्तेष्वेव लोकस्थिति:।। 12–03

जो पुरुष अपने रिश्तेदारों के प्रति उदार रहते हैं, परायों पर दया करते हैं, दुर्जनों से सख़्ती से पेश आते हैं, सज्जनों के प्रति स्नेह रखते हैं, विद्वानों का आदर करते हैं, शत्रुओं के प्रति वीरता दिखाते हैं, गुरुजनों के प्रति सम्मान

रखते हैं, पत्नी के साथ चतुराई भरा व्यवहार करते हैं, वही पुरुष इस संसार में जीवन जीने की कला में पारंगत और सुखी हैं।

व्याख्या : इस श्लोक में चाणक्य ने आदर्श पुरुष की परिभाषा बताई है कि उसे कैसा व्यवहार करना चाहिए। अच्छे लोगों के साथ अच्छा व्यवहार और दुर्जनों के साथ बुरा व्यवहार। यही सफल लोक-व्यवहार है।

प्रेरक विचार : जीवन जीने की कला को सारगर्भित ढंग से बताया गया है कि हमें विभिन्न प्रकार के लोगों के साथ कैसा व्यवहार करना चाहिए।

इनके जीने से कोई फ़ायदा नहीं

हस्तौ दानविवर्जितौ श्रुतिपुटौ सारस्वतद्रोहिणौ
नेत्रे साधुविलोकनेन रहिते पादौ न तीर्थं गतौ।

अन्यायार्जितवित्तपूर्णमुदरं गर्वेण तुङ्गं शिरो
रे रे जम्बुक मुञ्च मुञ्च सहसा नीचं सुनिन्द्यं वपुः।। 12-04

जिसके हाथ ने कभी दान नहीं दिया, जिसके कानों ने कभी वेदमंत्र नहीं सुने, जिसके नेत्रों ने साधुओं के दर्शन नहीं किए, जिसके पैरों ने तीर्थयात्रा नहीं की, जिसने अन्याय से कमाए धन से पेट भरा और इसके बाद भी जिसका सर गर्व से ऊँचा है - रे गीदड़ जैसे नीच मनुष्य, ऐसे नीच और निंदनीय शरीर को शीघ्र छोड़ दे।

व्याख्या : जिसकी प्रवृत्ति धार्मिक नहीं है और जो ग़लत काम करने के बाद भी अहंकार करता है, वह इंसान नहीं, गीदड़ है और उसका शीघ्र मर जाना ही बेहतर होता है।

प्रेरक विचार : अच्छे काम करें और बुरे कामों से बचें। इसी में मानव जीवन की सार्थकता है।

इन लोगों का जीवन निंदनीय है

येषां श्रीमद्यशोदासुतपदकमले नास्ति भक्तिर्नराणां
येषामाभीरकन्याप्रियगुणकथने नानुरक्ता रसज्ञा।

येषां श्रीदृष्णलीलाललितरसकथासादरौ नैव कर्णौ
धिक् तान् धिक् तान् धिगेतान् कथयति सततं कीर्तनस्थो मृदंग:।। 12–05

उन्हें धिक्कार है, जिन्हें कृष्णजी के चरणों में भक्ति नहीं है, जिनकी जीभ को राधारानी और गोपियों की लीला के गायन में आनंद नहीं आता है और जिनके कान श्रीकृष्ण की लीलाओं की कथा सुनने के लिए उत्सुक नहीं रहते। मृदंग भी 'धिक तान, धिक तान' करके ऐसे लोगों को 'धिक्कार है, धिक्कार है' कहता है।

व्याख्या : जो व्यक्ति ईश्वर का गुणगान नहीं करता, उसे धिक्कार है और उसके जीवन का कोई अर्थ नहीं है।

प्रेरक विचार : भक्ति का रस अनुपम होता है, अत: भक्ति का आनंद लें।

भाग्य की लकीरें नहीं मिट सकतीं

पत्रं नैव यदा करीलविटपे दोषो वसन्तस्य किं
नोलूकोऽप्यवलोकते यदि दिवा सूर्यस्य किं दूषणम्।

वर्षा नैव पतन्ति चातकमुखे मेघस्य किं दूषणं
यत्पूर्वं विधिना ललाटलिखितं तन्मार्जितुं क: क्षम:।। 12–06

यदि वसंत ऋतु में करील की झाड़ी पर पत्ते नहीं आते, तो इसमें वसंत ऋतु का क्या दोष है? यदि उल्लू दिन में नहीं देख पाता, तो इसमें सूर्य का क्या दोष है? यदि वर्षा की बूँदें चातक के मुख में नहीं गिरती हैं, तो इसमें बादलों का क्या दोष है? ब्रह्माजी ने मनुष्य के भाग्य में जो कुछ लिख दिया है, उसे कौन मिटा सकता है?

व्याख्या : यानी यह करील, उल्लू और चातक का दुर्भाग्य है, कि उन्हें वह नहीं मिलता, जो सबको मिलता है, लेकिन भाग्य के लिखे हुए को कोई नहीं मिटा सकता।

प्रेरक विचार : उपर्युक्त श्लोक में चाणक्य भाग्यवादी मानसिकता को प्रकट करते हैं। लेकिन याद रखें, वृक्ष और जानवर अपनी परिस्थितियों को नहीं बदल सकते, लेकिन मनुष्य ऐसा कर सकता है।

संगत का असर

सत्संगाद्भवति हि साधुना खलानां
साधूनां न हि खलसंगतः खलत्वम्।

आमोदं कुसुमभवं मृदेव धत्ते
मृद्गन्धं न हि कुसुमानि धारयन्ति।। 12–07

सत्संग से दुष्ट लोग सज्जन बन सकते हैं, लेकिन दुष्ट की संगत में रहकर सज्जन लोग दुष्ट नहीं बनते। फूलों की सुगंध तो मिट्टी में चली जाती है, किंतु फूल में मिट्टी की गंध नहीं जाती।

व्याख्या : सज्जनों के संपर्क में आने से बुरे लोगों में भी अच्छे गुण आ सकते हैं, लेकिन बुरे लोगों से संपर्क में आने पर अच्छे लोगों में अवगुण नहीं आते। ऐसा इसलिए, क्योंकि अच्छे लोगों में चरित्र की शक्ति होती है और वे जीवनमूल्यों के अनुसार अपने धर्म पर स्थिर रहते हैं।

प्रेरक विचार : यह विचार पूरी तरह सही नहीं लगता और इस पुस्तक के एक पूर्व–श्लोक के विपरीत है, जिसमें बताया गया था कि दुष्ट कभी सज्जन नहीं बन सकते। सच तो यह है कि संगति का गहरा असर होता है और अच्छे लोग भी बुरी संगति में आसानी से बुरी आदतें सीख सकते हैं, क्योंकि बुरी आदतें सीखना आसान होता है।

साधु तीर्थ जैसे क्यों होते हैं?

साधूनां दर्शनं पुण्यं तीर्थभूता हि साधवः।
कालेन फलते तीर्थं सद्यः साधुसमागमः।। 12–08

साधुओं के दर्शन से ही पुण्य मिल जाता है, क्योंकि साधु साक्षात तीर्थ जैसे होते हैं। तीर्थयात्रा का फल मिलने में तो समय लगता है, लेकिन साधुओं के दर्शन का फल तुरंत मिल जाता है।

व्याख्या : महापुरुषों के दर्शन से ही पुण्य मिलता है, क्योंकि वे स्वयं गंगा की तरह पवित्र होते हैं। नर्मदा की तरह उनके दर्शन मात्र से फल मिलता है और वह भी तुरंत। संभवतः चाणक्य ने ऐसा इसलिए कहा होगा, क्योंकि उस युग में साधु आशीर्वाद देते थे, जिससे श्रद्धालु की मनोकामना पूरी हो जाती थी। जहाँ जाने से व्यक्ति की मनोकामना पूरी हो जाए, उसे तीर्थ कहते हैं और लोग अपनी मनोकामना पूरी करने के लिए ही तीर्थ करते थे। यानी अगर साधु के आशीर्वाद से किसी की मनोकामना पूरी हो रही है, तो साधु स्वयं तीर्थ के बराबर है।

प्रेरक विचार : सज्जनों के साथ रहने से तुरंत फ़ायदा होता है, क्योंकि उनका सकारात्मक आभामंडल और सकारात्मक विचार आपको शांत और विवेकशील बना देते हैं, जिससे आपको लाभ होता है। इसके अलावा, सज्जन लोग सहायक प्रवृत्ति के होते हैं, जो आपकी मनोकामना पूरी होने में मदद भी करते हैं।

जब परिवेश नकारात्मक हो

विप्राऽस्मिन्नगरे महान्कथय कस्तालद्रुमाणां गण:
को दाता रजको ददाति वसनं प्रातर्गृहीत्वा निशि।

को दक्ष: परवित्तदारहरणे सर्वोऽपि दक्षो जन:
कस्माज्जीवसि हे सखे विषदृमिन्यायेन जीवाम्यहम्।। 12-09

एक यात्री ने शहर के एक ब्राह्मण से पूछा कि इस नगर में बड़ा कौन? जवाब मिला, ताड़ के पेड़। दानशील कौन है? धोबी ही यहाँ सबसे बड़ा दानी है, जो सुबह के वस्त्र शाम को लाकर देता है। चतुर कौन है? दूसरे के धन और नारी का हरण करने में सभी चतुर हैं। ऐसी स्थिति में तुम इस शहर में कैसे जीवित रहते हो? विष में रहने वाले कीड़े की तरह जीवन जीता हूँ।

व्याख्या : जिस शहर में बड़े यानी बुद्धिमान, ज्ञानी, संपन्न लोग न रहते हैं, जहाँ दानी लोग न रहते हों, जहाँ चतुराई सिर्फ़ दूसरों से लूट-खसोट करने में दिखाई जाती हो, उस जगह को विषतुल्य समझना चाहिए और वहाँ के लोगों को ज़हरीला कीड़ा मानना चाहिए अर्थात् ऐसी जगह पर नहीं रहना चाहिए, क्योंकि वह जगह इंसानों के रहने के क़ाबिल नहीं है।

प्रेरक विचार : लूट-खसोट और प्रबल स्वार्थपरता, अविवेक तथा बुद्धिहीनता पशु जैसा व्यवहार है, जो मनुष्य को शोभा नहीं देता। हमें स्वार्थ के बजाय परमार्थ के बारे में सोचना चाहिए, क्योंकि इसी से इंसान पशु के स्तर से ऊपर उठकर इंसान बनता है।

ये घर श्मशान के समान है

न विप्रपादोदककर्दमाणि
न वेदशास्त्रध्वनिगर्जितानि।

स्वाहास्वधाकारविवर्जितानि
श्मशानतुल्यानि गृहाणि तानि।। 12-10

जिस घर में ब्राह्मण के पाँव धोने वाले पानी का कीचड़ न हो, वेदशास्त्रों की ध्वनि न आती हो, स्वाहा की आवाज़ न आती हो, वह घर निश्चित ही श्मशान जैसा है।

व्याख्या : जिस घर में अतिथियों और ब्राह्मणों का आदर न होता हो, जहाँ मंत्रों का जाप व अध्ययन न होता हो, जहाँ यज्ञ-हवन आदि न होते हों, उसे घर नहीं कहा जा सकता, क्योंकि ये चीज़ें हर घर में होनी चाहिए।

प्रेरक विचार : ईश्वर की आराधना महत्वपूर्ण है, क्योंकि इससे आत्मविश्वास बढ़ता है। जप-तप व भजन-अध्ययन करने से मनुष्य में सकारात्मक प्रवृत्तियाँ भी आती हैं, जिस कारण उसे सही मार्ग पर चलने की प्रेरणा मिलती है।

छह सगे-संबंधी कौन?

सत्यं माता पिता ज्ञानं धर्मो भ्राता दया स्वसा।
शान्तिः पत्नी क्षमा पुत्रः षडेते मम बान्धवाः।। 12-11

सत्य माता, ज्ञान पिता, धर्म भाई, दया बहन, शांति पत्नी और क्षमा पुत्र - ये मेरे छह सगे-संबंधी हैं।

व्याख्या : सच्चाई माता के समान पोषण देती है, ज्ञान पिता के समान रक्षा करता है, धर्म भाई की तरह साथ देता है, दया बहन की तरह स्नेह देती है, शांति पत्नी की तरह हितकारी होती है और क्षमा पुत्र की तरह आनंद

देती है। चाणक्य यहाँ कहते हैं कि मनुष्य के गुण ही उसके सबसे बड़े सगे-संबंधी होते हैं, इसलिए उसे अपने गुणों के विकास पर ध्यान देना चाहिए।

प्रेरक विचार : इसमें बताया गया है कि कौन सी छह चीज़ें मनुष्य के लिए सबसे महत्वपूर्ण होती हैं और उसके बहुत निकट होनी चाहिए। यह सुखी जीवन का मूलमंत्र है।

धन नहीं, धर्म का संग्रह करें

अनित्यानि शरीराणि विभवो नैव शाश्वतः।
नित्यं सन्निहितो मृत्युः कर्तव्यो धर्मसंग्रहः।। 12-12

शरीर नश्वर है, वैभव और धन-संपदा भी हमेशा नहीं रहते, मृत्यु हर दिन निकट आती है, इसलिए हमारा कर्तव्य है कि हम सदैव धर्म का संग्रह करते रहें।

व्याख्या : अर्थ स्वतः ही स्पष्ट है।

प्रेरक विचार : क्षणिक सुखभोग में लिप्त होने के बजाय अपने लक्ष्य पर ध्यान दें। यह सोचें कि आपको क्या करना चाहिए और फिर उसे कर दें। प्रलोभन आपको राह से भटका सकते हैं, इसलिए मनुष्य को प्रलोभनों से सतर्क रहना चाहिए और अपनी लक्ष्य-प्राप्ति की दिशा में निरंतर प्रयास करते रहना चाहिए, क्योंकि यही उसका कर्तव्य है।

उम्र बढ़ने से दुष्टता नहीं घटती

वयसः परिणामे हि यः खलाः खल एव सः।
सुपक्वमपि माधुर्यं नापायतीन्द्र वारुणम्।। 12-13

दुष्ट मनुष्य परिपक्व होने के बाद भी दुष्ट ही रहता है, जैसे इन्द्रायण का कड़वा फल पकने पर भी मीठा नहीं होता।

व्याख्या : अर्थ स्वतः ही स्पष्ट है।

प्रेरक विचार : उम्र का संबंध स्वभाव से नहीं होता, क्योंकि उम्र बढ़ने पर भी मनुष्य का मूल स्वभाव नहीं बदलता है।

हर व्यक्ति अलग चीज़ से ख़ुश होता है

निमन्त्रोत्सवा विप्रा गावो नवतृणोत्सवाः।
पत्युत्साहयुता भार्या अहं दृष्णचरणोत्सवः।। 12-14

ब्राह्मणों के लिए भोजन का निमंत्रण मिलना उत्सव है, गायों के लिए नई घास का मिलना उत्सव है, पति के साथ उत्साहपूर्वक मिलन पत्नी के लिए उत्सव है, लेकिन मेरे लिए तो भगवान श्रीकृष्ण के चरणकमल में अनुराग ही उत्सव है।

व्याख्या : अर्थ स्वतः ही स्पष्ट है।

प्रेरक विचार : हर व्यक्ति को अलग-अलग चीज़ों से ख़ुशी मिलती है।

ज्ञानी कौन?

मातृवत्परदारेषु परद्रव्येषु लोष्ठवत्।
आत्मवत्सर्वभूतेषु यः पश्यति स पण्डितः।। 12-15

संसार में सचमुच ज्ञानी वही है, जो दूसरों की पत्नी को माता के रूप में देखता है, दूसरे के धन को मिट्टी के ढेले जैसा समझता है और सभी प्राणियों को अपने जैसा मानता है।

व्याख्या : ज्ञानी व्यक्ति पराई स्त्री और पराए धन में आसक्ति नहीं रखता और सभी प्राणियों के प्रति परानुभूति रखता है।

प्रेरक विचार : प्रायः मनुष्य दूसरों को अपने से तुच्छ समझता है, लेकिन ज्ञानी व्यक्ति सबको साथी इंसानों के रूप में देखता है।

श्रेष्ठ व्यक्तियों के गुण

धर्मे तत्परता मुखे मधुरता दाने समुत्साहता
मित्रेऽवंचकता गुरौ विनयता चित्तेऽतिगंभीरता।

आचारे शुचिता गुणे रसिकता शास्त्रेषु विज्ञानता
रूपे सुन्दरता शिवे भजनता त्वय्यस्ति भो राघव।। 12–16

धर्म में तत्परता, मुख में मीठे वचन, दान में उत्साह, मित्र के साथ निष्कपटता, गुरु के प्रति नम्रता, मन में गंभीरता, आचरण में पवित्रता, गुणों में रुचि, शास्त्र का ज्ञान, रूप में सुंदरता, शिवजी की भक्ति – ये सारे गुण तो हे श्रीराम आप ही में हैं।

व्याख्या : इस श्लोक में मर्यादा पुरुषोत्तम भगवान श्रीराम के गुणों का वर्णन किया गया है। चाणक्य कहते हैं कि इन सारे गुणों का अनूठा मिश्रण दुर्लभ है और केवल श्रीराम में ही मिल सकता है।

प्रेरक विचार : हालाँकि हम कभी सर्वगुणसंपन्न नहीं बन सकते, लेकिन हमें यथासंभव श्रेष्ठ गुणों को अपनाने और बढ़ाने का प्रयास करते रहना चाहिए, ख़ास तौर पर उन गुणों को, जो हमारी सफलता में योगदान दे सकते हैं।

ईश्वर ही सर्वगुणसंपन्न है

काष्ठं कल्पतरुः सुमेरुरचलश्चिन्तामणिः प्रस्तरः
सूर्यस्तीव्रकरः शशी क्षयकरः क्षारो हि वारान्निधिः।

कामो नष्टतनुर्वलिर्दितिसुतो नित्यं पशुः कामगौ–
नैतांस्ते तुलयामि भो रघुपते कस्योपमा दीयते।। 12–17

कल्पवृक्ष लकड़ी है, सुमेरु पर्वत है, पारस पत्थर है, सूर्य का ताप तीव्र है, चंद्रमा क्षीण होता है, समुद्र खारा है, कामदेव के पास शरीर नहीं है, बलि दानशील हैं पर दैत्य हैं और कामधेनु तो पशु है, इसलिए हे श्री रघुनाथ, मैं आपकी तुलना किससे करूँ?

व्याख्या : भगवान राम सबकी इच्छाएँ पूरी करते हैं, लेकिन कल्पवृक्ष, पारस पत्थर और कामधेनु से उनकी तुलना नहीं की जा सकती। सबकी कामनाएँ पूरी करने वाला कल्पवृक्ष पेड़ है, सुमेरु पर्वत सोने का पहाड़ है, लोहे को सोना बनाने वाला पारस भी पत्थर है, इसलिए उनसे आपकी तुलना कैसे की जा सकती है? आपकी तुलना सूर्य–चंद्रमा और समुद्र या कामदेव या बलि से भी नहीं की जा सकती, हालाँकि आप सूर्य की तरह तेजस्वी, चंद्रमा के समान शांत, समुद्र की तरह गंभीर और कामदेव की तरह सुंदर हैं तथा बलि के समान दानी हैं।

प्रेरक विचार : हर व्यक्ति में कोई न कोई कमी होती है, क्योंकि सर्वगुणसंपन्न तो सिर्फ़ ईश्वर है।

किससे क्या सीखें?

विनयं राजपुत्रेभ्यः पण्डितेभ्यः सुभाषितम्।
अनृतं द्यूतकारेभ्यः स्त्रीभ्यः शिक्षेत् कैतवम्।। 12–18

राजकुमारों से विनम्रता, विद्वानों से अच्छा बोलना, जुआरियों से झूठ बोलना और स्त्रियों से छल करना सीखना चाहिए।

व्याख्या : राजकुमारों को विनम्रता सिखाई जाती है, विद्वान अच्छा बोलने में माहिर होते हैं, जुआरी सही स्थिति छिपाने के लिए झूठ बोलने में निपुण होते हैं और स्त्रियाँ छल-कपट की कला में माहिर होती हैं। अर्थात् ये लोग इन क्षेत्रों में माहिर होते हैं, इसलिए ये चीज़ें इनसे सीखनी चाहिए।

प्रेरक विचार : हमें जो गुण अच्छा लगता है, उसे हमें उपयुक्त व्यक्ति से सीखना चाहिए, जो उस गुण में माहिर हो।

ऐसे मनुष्य का शीघ्र नाश होता है

अनालोक्य व्ययं कर्ता ह्यनाथः कलहप्रियः।
आतुरः सर्वक्षेत्रेषु नरः शीघ्रं विनश्यति।। 12-19

बिना देखे ख़र्च करने वाले, अनाथ, कलहप्रिय और हर क्षेत्र में आतुर पुरुष का शीघ्र नाश होता है।

व्याख्या : अनाप-शनाप ख़र्च करने वाले व्यक्ति का धन नष्ट हो जाता है। जिसका कोई अपना नहीं होता, वह विपत्ति में नष्ट हो जाता है। झगड़ालू स्वभाव वाला व्यक्ति बीमारी तथा अप्रिय संबंधों के कारण नष्ट हो जाता है। जो हर क्षेत्र में जल्दबाज़ी और आतुरता दिखाता है, वह भी नष्ट हो जाता है, क्योंकि वह सोच-समझकर काम करने के बजाय अविवेकपूर्ण निर्णय लेता है। अंतिम पंक्ति का यह अर्थ भी लगाया जाता है कि उस पुरुष का जल्दी विनाश होता है, जो हर तरह और हर जगह की स्त्री से संभोग के लिए उतावला रहता है।

प्रेरक विचार : बजट बनाकर ख़र्च करें और इस बारे में सावधान रहें।

धर्म का संचय करें

नाहारं चिन्तयेत्प्राज्ञो धर्ममेकं हि चिन्तयेत्।
आहारो हि मनुष्याणां जन्मना सह जायते।। 12–20

मनुष्य को आहार के बजाय धर्म की चिंता करनी चाहिए, क्योंकि आहार तो मनुष्य के जन्म के साथ ही उत्पन्न हो जाता है (माँ के दूध की ओर संकेत है)।

व्याख्या : अर्थात् मनुष्य को धन या आहार के बजाय धर्म के संचय पर ध्यान देना चाहिए।

प्रेरक विचार : धन का संग्रह उचित है, लेकिन एक निश्चित मात्रा में। इसके बाद उपभोग और दान का आनंद लेना चाहिए।

अभ्यास से सब संभव है

जलबिन्दुनिपातेन क्रमशः पूर्यते घटः।
स हेतुः सर्वविद्यानां धर्मस्य च धनस्य च।। 12–21

पानी की एक-एक बूँद गिरने से जिस प्रकार घड़ा भर जाता है, उसी प्रकार निरंतर थोड़ा-थोड़ा इकट्ठा करके सभी विद्याओं, धर्म और धन को प्राप्त किया जा सकता है।

व्याख्या : विद्या, धर्म और धन का भी संचय किया जा सकता है, बशर्ते इनका नियम से अभ्यास किया जाए।

प्रेरक विचार : निरंतरता ही सफलता की कुंजी है, क्योंकि निरंतर अभ्यास से बहुत कुछ हासिल किया जा सकता है।

रोचक प्रसंग

चाणक्य कुरूप थे। एक दिन चंद्रगुप्त मौर्य ने अपनी पत्नी के सामने चाणक्य से कहा, 'आचार्यजी, आप बहुत प्रतिभाशाली हैं, अगर आप रूपवान भी होते, तो कितना अच्छा होता?'

महारानी ने तपाक से कहा, 'महाराज, रूप तो मृगतृष्णा है। व्यक्ति का सम्मान रूप से नहीं, बल्कि गुण और बुद्धि से होता है।'

चंद्रगुप्त ने कहा, 'आप रूपवती होकर भी ऐसा कैसे कह सकती हैं? मुझे कोई उदाहरण बताएँ, जहाँ गुण के सामने रूप का कोई महत्व न हो।'

चाणक्य ने चंद्रगुप्त से कहा, महाराज पहले ठंडा जल पीकर शांत हो जाएँ, फिर बात करते हैं।

उन्होंने दो गिलास बारी–बारी से राजा की ओर बढ़ा दिए। राजा के पानी पीने के बाद चाणक्य ने पूछा, 'महाराज पहले गिलास में स्वर्णकलश का जल था और दूसरे में मिट्टी के घड़े का। आपको किस घड़े का जल अच्छा लगा?' राजा ने कहा, सोने के घड़े का पानी तो पीने लायक़ ही नहीं था, जबकि मिट्टी के घड़े वाला पानी ठंडा और अच्छा था।'

यह सुनकर रानी ने मुस्कुराते हुए कहा, 'महाराज, इसी में आपके सवाल का जवाब छिपा हुआ है। सोने का घड़ा ज़्यादा सुंदर है, जबकि मिट्टी का घड़ा सुंदर नहीं है, लेकिन उसमें बहुत बड़ा गुण छिपा हुआ है। अब आप ही बताए, रूप बड़ा हुआ या गुण?'

यह सुनकर राजा चंद्रगुप्त अपने गुरु के सामने नतमस्तक हो गए।

अध्याय 13

पापी व्यक्ति की दीर्घायु से क्या फ़ायदा?

मुहूर्तमपि जीवेच्च नरः शुक्लेन कर्मणा।
न कल्पमपि कष्टेन लोकद्वयविरोधिना।। 13-01

अच्छे कर्म करने वाला व्यक्ति अगर एक मुहूर्त यानी 48 मिनट ही जीवित रहे, तो उत्तम है, लेकिन परपीड़क, विरोधी व पापी व्यक्ति का एक कल्प यानी 4.32 अरब वर्ष तक जीवित रहना भी व्यर्थ है।

व्याख्या : अच्छे काम करने वाला व्यक्ति अपने छोटे जीवन में भी बहुत से अच्छे काम और दूसरों का भला कर जाता है, जबकि परपीड़क व्यक्ति का लंबा जीवन जनहित की दृष्टि से सही नहीं रहता।

प्रेरक विचार : व्यक्ति का जीवन सापेक्ष होता है और लंबा जीवन तभी लाभकारी है, जब यह दूसरों के काम आए।

वर्तमान में जियें

गते शोको न कर्तव्यो भविष्यं नैव चिन्तयेत्।
वर्तमानेन कालेन वर्तयन्ति विचक्षणाः।। 13-02

बीती बातों पर अफ़सोस न करें, भविष्य की चिंता न करें। बुद्धिमान मनुष्य केवल वर्तमान काल के अनुसार कार्य करते हैं।

व्याख्या : बुद्धिमान मनुष्य को केवल वर्तमान परिस्थितियों के हिसाब से काम करना चाहिए। वर्तमान में हम अतीत से शिक्षा ले सकते हैं और अपनी पिछली ग़लतियों से सीख सकते हैं। भविष्य की हम योजना बना सकते हैं और आज अच्छे कर्म करके उसकी अच्छी नींव रख सकते हैं।

प्रेरक विचार : वर्तमान में काम करना सर्वोत्तम नीति है, लेकिन हमें भविष्य में मिलने वाले परिणामों पर भी विचार कर लेना चाहिए, क्योंकि बहुत से बुरे काम मनुष्य सिर्फ़ इसीलिए करता है, क्योंकि वे वर्तमान में अच्छे लगते हैं और वह भावी परिणामों के बारे में विचार नहीं करता, जैसे जंक फूड खाना आदि।

कौन किससे संतुष्ट होता है?

स्वभावेन हि तुष्यन्ति देवाः सत्पुरुषाः पिता।
ज्ञातयः स्नानपानाभ्यां वाक्यदानेन पण्डिताः।। 13-03

देवता, सत्पुरुष और पिता स्वभाव से ही संतुष्ट होते हैं। परिचित अच्छे भोजन से और विद्वान मधुर वचनों से संतुष्ट होते हैं।

व्याख्या : सज्जन लोग स्वभाव से ही संतुष्ट प्रवृत्ति के होते हैं, जबकि विद्वान मधुर वचनों से संतुष्ट होते हैं और परिचित स्वागत-सत्कार से संतुष्ट होते हैं। यानी संतुष्टि के मानदंड हर व्यक्ति के हिसाब से अलग होते हैं।

प्रेरक विचार : संतुष्टि में ही आनंद है।

महात्माओं की विचित्रता

अहो बत विचित्राणि चरितानि महाऽत्मनाम्।
लक्ष्मीं तृणाय मन्यन्ते तद्भारेण नमन्ति च।। 13–04

महात्माओं के चरित्र भी विचित्र होते हैं। वे धन-संपत्ति को तिनके जैसा मानते हैं, किंतु उसके आने पर उसके भार से झुक जाते हैं।

व्याख्या : महात्मा धन को तुच्छ व महत्वहीन मानते हैं, लेकिन धन आने पर वे और ज़्यादा विनम्र हो जाते हैं, यानी उन्हें धन का कोई घमंड नहीं होता।

प्रेरक विचार : मनुष्य को धन को अत्यधिक महत्व नहीं देना चाहिए और उसे जीवन का साधन मानना चाहिए।

आसक्ति दुख का कारण है

यस्य स्नेहो भयं तस्य स्नेहो दुःखस्य भाजनम्।
स्नेहमूलानि दुःखानि तानि त्यक्त्वा वसेत् सुखम्।। 13–05

जिससे स्नेह होता है, उसी का डर होता है। स्नेह के कारण ही व्यक्ति दुख उठाता है। स्नेह दुख की जड़ है, जिसे त्यागने पर ही व्यक्ति सुख से रह सकता है।

व्याख्या : मोह ही दुख का मुख्य कारण है और पूरा संसार इसीलिए दुखमय है, क्योंकि सभी मनुष्य मोह-माया के चक्रव्यूह में फँसे रहते हैं।

प्रेरक विचार : आपकी आसक्तियाँ या अपेक्षाएँ ही आपके दुख का कारण हैं, अतः उन्हें कम कर लें।

सुखी होने का अचूक उपाय यह है

अनागतविधाता च प्रत्युत्पन्नमतिस्तथा।
द्वावेतौ सुखमेधेते यद्भविष्यो विनश्यति।। 13–06

भावी दुख या विनाश के आने से पहले ही उसके निवारण का उपाय करने वाला तथा संकट आने पर तुरंत समाधान खोजने वाला ये दोनों ही सुखी रहते हैं। दूसरी ओर, वह भाग्यवादी मनुष्य नष्ट हो जाता है, जो सोचता है कि जो भाग्य में लिखा है, वही होगा।

व्याख्या : यानी जो व्यक्ति भाग्य के भरोसे हाथ पर हाथ धरकर बैठा रहता है, वह दुखी रहता है। ग़ौर करें, पूर्व के एक श्लोक में लिखा है कि विधाता ने सुख-दुख मनुष्य के भाग्य में पहले से ही लिख दिया है।

प्रेरक विचार : विपत्ति को भाँपने और विपत्ति आने पर उसे दूर करने की कला अत्यंत महत्वपूर्ण है।

जैसा राजा, वैसी प्रजा

राज्ञि धर्मिणि धर्मिष्ठाः पापे पापाः समे समाः।
राजानमनुवर्तन्ते यथा राजा तथा प्रजाः।। 13–07

राजा धर्मात्मा हो, तो प्रजा धर्मात्मा होती है। राजा पापी हो, तो प्रजा पापी होती है। राजा उदासीन हो, तो प्रजा भी उदासीन हो जाती है, क्योंकि प्रजा राजा का अनुसरण करती है। जैसा राजा होता है, वैसी ही प्रजा होती है।

व्याख्या : जैसा राजा होता है, वैसी ही प्रजा होती है, क्योंकि प्रजा स्वभाव, आचरण तथा व्यवहार के मामले में राजा का अनुसरण करती है।

प्रेरक विचार : जैसा लीडर होता है, वैसे ही कर्मचारी होते हैं और वैसे ही ग्राहक भी होते हैं।

छवि की आयु इंसान से लंबी होती है

जीवन्तं मृतवन्मन्ये देहिनं धर्मवर्जितम्।
मृतो धर्मेण संयुक्तो दीर्घजीवी न संशय:।। 13–08

इसमें कोई संदेह नहीं है कि धर्मरहित मनुष्य जिंद्रा होते हुए भी मृत है, जबकि मृत धार्मिक व्यक्ति भी दीर्घजीवी है, क्योंकि उसकी कीर्ति लंबे समय तक रहती है।

व्याख्या : जो धर्म पर नहीं चला, उसके जीने या मरने से किसी को कोई फ़ायदा नहीं होता। दूसरी तरफ़, जो धार्मिक काम करता है, उसकी भलाई को उसके मरने के बाद भी लंबे समय तक याद किया जाता है और उसका यश क़ायम रहता है।

प्रेरक विचार : धर्म का पालन करें और समाज के हित में अपने कर्तव्य करें।

ऐसे मनुष्य का जीवन व्यर्थ है

धर्मार्थकाममोक्षाणां यस्यैकोऽपि न विद्यते।
अजागलस्तनस्येव तस्य जन्म निरर्थकम्।। 13–09

जिस पुरुष ने धर्म, अर्थ, काम और मोक्ष में से एक भी पुरुषार्थ को प्राप्त नहीं किया, उसका जन्म बकरे के गले में लटकते स्तनों की तरह निरर्थक होता है।

व्याख्या : अर्थ स्वत: ही स्पष्ट है।

प्रेरक विचार : ईश्वर किसी को भी बिना उद्‌देश्य के इस संसार में नहीं भेजता है। अपने उद्‌देश्य को खोजें और फिर उसे पूरा करने का प्रयास करें।

नीच लोग इसलिए निंदा करते हैं

दह्यमानाः सुतीव्रेण नीचाः परयशोऽग्निना
अशक्तास्तत्पदं गन्तुं ततो निन्दां प्रकुर्वते। 13–10

नीच लोग दूसरों के यश और प्रसिद्धि से जलते हैं। चूँकि वे ख़ुद उस ऊँचाई पर नहीं पहुँच सकते, इसलिए वे निंदा करते हैं।

व्याख्या : अर्थ स्वतः ही स्पष्ट है।

प्रेरक विचार : किसी की निंदा या आलोचना से न घबराएँ। मनुष्य की एक समस्या यह है कि वह दूसरों से अपनी तुलना करके स्वयं को श्रेष्ठ साबित करने की कोशिश करता है, इसीलिए वह दूसरों की बुराइयाँ निकालकर उन्हें नीचा दिखाने के लिए आतुर रहता है।

मन ही सर्वोपरि है

बन्धाय विषयासक्तं मुक्त्यै निर्विषयं मनः।
मन एव मनुष्याणां कारणं बन्धमोक्षयोः।। 13–11

मन ही मनुष्य के बंधनों और मोक्ष का कारण है, क्योंकि मन ही विषयों (जैसे काम, क्रोध, मद, लोभ) में अटकाता-भटकाता है और मन ही उनसे मुक्ति दिलाता है।

व्याख्या : बुरी बातों में मन लगाना या रस लेना ही बंधन का कारण है और उनसे मन को हटाने पर ही मोक्ष का मार्ग दिखता है। यानी मन ही सर्वोपरि है।

प्रेरक विचार : मन जब सही दिशा में चलता है, तो बहुत हितकारी परिणाम देता है, लेकिन ग़लत दिशा में चलने पर हानिकारक परिणाम देता है।

मन की समाधि

देहाभिमाने गलितं ज्ञानेन परमात्मनि।
यत्र यत्र मनो याति तत्र तत्र समाधय:।। 13–12

परमात्मा का ज्ञान होने पर जब देह का अभिमान नष्ट हो जाता है, तब मन जहाँ–जहाँ जाए, वहाँ–वहाँ समाधि समझें।

व्याख्या : जब कोई मनुष्य मोह–माया के बंधनों से ऊपर उठ जाता है, तो उसका देह का अभिमान नष्ट हो जाता है और उसे शरीर व आत्मा के पृथक अस्तित्व का ज्ञान हो जाता है। फिर वह हर समय समाधि की अवस्था में रहता है, क्योंकि वह मोह–माया के बंधनों से मुक्त हो चुका है।

प्रेरक विचार : आपका मन जिस चीज़ में लगता है, आपको सब कुछ उसी चश्मे से दिखाई देता है। अगर मन शान झाड़ने में लगता है, तो आप पूरे संसार को उसी दृष्टिकोण से देखेंगे। अगर मन ईश्वर की भक्ति में लगता है, तो पूरा संसार आपको उसी चश्मे से दिखेगा।

संतोषी सदा सुखी

ईप्सितं मनस: सर्व कस्य सम्पद्यते सुखम्।
दैवाऽयत्तं यत: सर्वं तस्मात्सन्तोषमाश्रयेत्।। 13–13

किसी के मन की सारी इच्छाएँ पूरी नहीं होतीं, क्योंकि सब कुछ भाग्य के अधीन होता है, इसलिए मनुष्य को संतोष करना सीखना चाहिए।

व्याख्या : अर्थ स्वत: ही स्पष्ट है।

प्रेरक विचार : जब भी असफलता मिले, इस श्लोक को पढ़ लें। जो चीज़ें इंसान के वश में नहीं हैं, उनके बारे में भाग्यवादी दृष्टिकोण अनुकूल होता है, लेकिन जो चीज़ें इंसान के वश में हैं, उनके प्रति कर्मवादी दृष्टिकोण रखना उचित होता है।

कर्मफल अवश्य मिलता है

यथा धेनुसहस्त्रेषु वत्सो गच्छति मातरम्।
तथा यच्च दृतं कर्म कर्तारमनुगच्छति।। 13-14

जिस तरह बछड़ा हज़ारों गायों में भी अपनी माँ को पहचानकर उसी के पास पहुँच जाता है, उसी तरह कर्म भी सदा कर्ता के पीछे-पीछे चलता है।

व्याख्या : अर्थ स्वत: ही स्पष्ट है।

प्रेरक विचार : कर्मफल का सिद्धांत अकाट्य है, इसलिए ऐसे फल चुनें जिन्हें आप पाना चाहते हैं और फिर उसी अनुसार अच्छे कर्म करें।

अव्यवस्थित व्यक्ति सदा दुखी

अनवस्थितकार्यस्य न जने न वने सुखम्।
जने दहति संसर्गाद्वनं संगविवर्जनात्।। 13-15

जो अव्यवस्थित काम करता है, उसके लिए न तो शहर में सुख है, न ही जंगल में। शहर में मनुष्यों के संपर्क से वह जलता है, जबकि वन में अकेला रहने के कारण दुखी रहता है। अर्थात् वह कभी व्यवस्थित नहीं रह सकता।

व्याख्या : जिस व्यक्ति का मन स्थिर नहीं है, वह अकेलेपन में सबके साथ की कामना करता है और सबके साथ रहते समय अकेलेपन की कामना करता है, इसलिए वह कभी सुखी नहीं रह पाता।

प्रेरक विचार : दुखी व्यक्ति अपनी वजह से दुखी रहता है, इसलिए वह स्वर्ग में भी दुखी रहने का बहाना खोज लेगा।

विद्या की खुदाई करें

खनित्वा हि खनित्रेण भूतले वारि विन्दति।
तथा गुरुगतां विद्यां शुश्रूषुरधिगच्छति।। 13-16

जैसे खुदाई करने वाला कुदाली आदि से ज़मीन खोदकर पानी निकालता है, उसी तरह सेवा करके शिष्य गुरु से विद्या प्राप्त करता है।

व्याख्या : अर्थ स्वत: ही स्पष्ट है।

प्रेरक विचार : यहाँ ध्यान दें, गुरु का विद्या देना महत्वपूर्ण नहीं है; शिष्य का विद्या ग्रहण करना महत्वपूर्ण है। शिक्षक नहीं सिखाता है, विद्यार्थी सीखता है। दोनों चीज़ों में फ़र्क़ होता है, तभी तो उसी टीचर के लेक्चर से एक विद्यार्थी सब कुछ समझ जाता है, जबकि दूसरा कुछ नहीं सीख पाता।

जैसा कर्म, वैसा कर्मफल

कर्मायत्तं फलं पुंसां बुद्धिः कर्मानुसारिणी।
तथापि सुधियश्चाऽर्या सुविचार्यैव कुर्वते।। 13-17

जैसा कर्म होगा, वैसा ही फल होगा। मनुष्य की बुद्धि भी कर्म के अनुसार ही चलती है। फिर भी विद्वान लोग अच्छी तरह सोचने-विचारने के बाद ही कर्म करते हैं।

व्याख्या : पूर्वजन्म के कर्म के हिसाब से फल मिलते हैं और जैसे कर्म होते हैं, वैसी ही बुद्धि हो जाती है, लेकिन बुद्धिमान लोग अच्छी तरह सोचकर कर्म करते हैं।

प्रेरक विचार : सोच-विचारकर काम करना चाहिए, क्योंकि जैसा हम काम करेंगे, हमारी बुद्धि भी वैसी ही हो जाएगी।

कृतज्ञता सीखें

एकाक्षरप्रदातारं यो गुरुं नाभिवन्दते।
श्वानयोनिशतं गत्वा चाण्डालेष्वभिजायते।। 13–18

जो एक अक्षर 'ओम्' का ज्ञान कराने वाले गुरु को नमन नहीं करता, वह सौ बार कुत्ते की योनि में जन्म लेने के बाद चाण्डाल के घर पैदा होता है।

व्याख्या : ओम् को एकाक्षर ब्रह्म कहा गया है, जिसका ज्ञान कराने वाला ही गुरु है। जो गुरु का आदर नहीं करता, वह चाण्डाल जितना पतित होता है।

प्रेरक विचार : इस श्लोक में गुरु और कृतज्ञता की महिमा बताई गई है। कृतज्ञ होना ख़ुद को पाने की फ्रीक्वेंसी पर लाना है और जो ऐसा नहीं करता, वह गँवाने की फ्रीक्वेंसी पर पहुँच जाता है। यानी मनुष्य कृतज्ञता से बहुत कुछ पा सकता है और कृतघ्नता के कारण बहुत कुछ गँवा सकता है।

कौन कभी विचलित नहीं होता?

युगान्ते प्रचलेन्मेरुः कल्पान्ते सप्त सागराः।
साधवः प्रतिपन्नार्थान् न चलन्ति कदाचन।। 13–19

युग के अंत में सुमेरु पर्वत चलने लगता है, कल्प के अंत में सातों समुद्र भी अपनी सीमाएँ लाँघ जाते हैं, लेकिन श्रेष्ठ पुरुष अपनी प्रतिज्ञा और संकल्प से कभी विचलित नहीं होते।

व्याख्या : आशय यह है कि वही व्यक्ति श्रेष्ठ है, जो अपने संकल्प को पूरा करता है और अपनी प्रतिज्ञा से विचलित नहीं होता।

प्रेरक विचार : श्रेष्ठ पुरुष अपने संकल्प और प्रतिज्ञा को पूरा करने के लिए कटिबद्ध होते हैं; यही उनकी सफलता का रहस्य है।

रोचक प्रसंग

चाणक्य एक जंगल में झोंपड़ी बनाकर रहते थे, जहाँ बहुत से लोग उनसे सलाह और ज्ञान लेने आते थे। जंगल में पत्थर तथा कँटीली झाड़ियाँ होने के कारण उनके पैर घायल हो जाते थे, क्योंकि उस समय नंगे पैर चलना सामान्य था।

एक व्यक्ति ने चाणक्य से कहा, 'आप महाराज से कहें कि वे यहाँ के रास्ते को चमड़े से ढँकवा दें, ताकि सबको आराम रहे।' चाणक्य ने कहा, 'देखिए, पूरे संसार में असंख्य कँटीले पथ हैं, उन सभी पर तो चमड़ा बिछवाया नहीं जा सकता। इससे अच्छा तो यह है कि आप चमड़ा पहन लें, ताकि आप हर जगह सुरक्षित रह सकें।'

चाणक्य ने समझाया कि इस कहानी का ज़्यादा गहरा अर्थ यह है कि दूसरों को सुधारने के बजाय ख़ुद को सुधारो। आम तौर पर इंसान सबको नसीहत देता है कि उसे किस तरह काम करना चाहिए, किस तरह ख़ुद को बदलना चाहिए, जबकि अगर वह ख़ुद को बदल ले और जो सलाह वह दूसरों को देता है, उस पर ख़ुद अमल कर ले, तो वह अपने परिणामों को बेहतर बना सकता है।

अध्याय 14

इस पृथ्वी पर ये तीन रत्न हैं

पृथिव्यां त्रीणि रत्नानि जलमन्नं सुभाषितम्।
मूढैः पाषाणखण्डेषु रत्नसंज्ञा विधीयते।। 14-01

धरती पर तीन रत्न हैं, जल, अन्न और मधुर वचन, किंतु मूर्ख व्यक्ति पत्थरों को रत्न मानते हैं।

व्याख्या : इस पृथ्वी पर तीन सच्चे रत्न हैं : पानी, अनाज और मधुर वाणी। बाक़ी चीज़ें तो पत्थर के टुकड़े हैं, जिनका कोई वास्तविक मूल्य नहीं है।

प्रेरक विचार : मीठा बोलना सीखें। अगर आप किसी से कोई काम कराना चाहते हैं, तो मधुर वाणी आपका सबसे महत्वपूर्ण अस्त्र है।

पापरूपी वृक्ष के फल क्या हैं?

आत्माऽपराधवृक्षस्य फलान्येतानि देहिनाम्।
दारिद्र्यदु:खरोगाणि बन्धनव्यसनानि च।। 14–02

ग़रीबी, दुख, रोग, बंधन और व्यसन ये सब व्यक्ति के अपने ख़ुद के अपराध या पापरूपी वृक्ष के फल हैं।

व्याख्या : मनुष्य जो काम करता है, वे कारण हैं। और मनुष्य को जो परिस्थितियाँ मिलती हैं, वे परिणाम हैं। यानी अगर आपके जीवन में ग़रीबी, दुख, रोग, बंधन और व्यसन की परिस्थितियाँ हैं, तो यह मान लें कि आपके ही ग़लत कामों के कारण ये परिस्थितियाँ उत्पन्न हुई हैं।

प्रेरक विचार : मनुष्य के ग़लत काम ही ग़रीबी, दुख, रोग और व्यसन का कारण बनते हैं। आप ग़लत भोजन नहीं करते, इसलिए बीमार होते हैं। आप मेहनत नहीं करते, इसलिए ग़रीब रहते हैं।

कौन सी चीज़ दोबारा नहीं मिलती?

पुनर्वित्तं पुनर्मित्रं पुनर्भार्या पुनर्मही।
एतत्सर्वं पुनर्लभ्यं न शरीरं पुन: पुन:।। 14–03

नष्ट धन दोबारा मिल जाता है, मित्र भी दोबारा मिल जाता है, पत्नी भी दोबारा मिल जाती है, गँवाई भूमि भी दोबारा मिल जाती है, लेकिन शरीर दोबारा नहीं मिलता।

व्याख्या : अर्थ स्वत: स्पष्ट है।

प्रेरक विचार : यहाँ भी 'पहला सुख निरोगी काया' का महत्व बताया गया है, क्योंकि सब कुछ दोबारा मिल सकता है, लेकिन समय और शरीर दोबारा नहीं मिल सकता।

संगठन में शक्ति है

बहूनां चौव सत्त्वानां समवायो रिपुंजयः।
वर्षाधाराधरो मेघस्तृणैरपि निवार्यते।। 14–04

बहुत से लोग मिलकर शत्रु को हरा देते हैं, जिस तरह तेज़ वर्षा की धारा को तिनकों का समूह रोक लेता है यानी बारिश का पानी झोंपड़ी के अंदर नहीं पहुँच पाता।

व्याख्या : अर्थ स्वतः ही स्पष्ट है।

प्रेरक विचार : समूह और एकता में शक्ति होती है, इसलिए अच्छे लोगों का समूह बनाएँ।

अपने आप किसका विस्तार होता है?

जले तैलं खले गुह्यं पात्रे दानं मनागपि।
प्राज्ञे शास्त्रं स्वयं याति विस्तारं वस्तुशक्तितः।। 14–05

जल में तेल, दुष्ट व्यक्ति को बताया गया गुप्त रहस्य, सुपात्र को दिया गया दान और बुद्धिमान को दिया शास्त्र का ज्ञान – इनका स्वयमेव विस्तार होता है।

व्याख्या : पानी में थोड़ा सा तेल डालने पर वह तुरंत पूरे पानी में फैल जाता है। उसी तरह किसी दुष्ट व्यक्ति को गुप्त रहस्य बताने पर वह बात को फैला देता है। योग्य व्यक्ति को अगर दान दें, तो वह अपनी मेहनत और बुद्धि से उस धन को कई गुना कर लेता है। इसी तरह बुद्धिमान व्यक्ति को थोड़ा सा ज्ञान दिया जाए, तो वह चिंतन-मनन करके स्वयं उस ज्ञान का विस्तार कर लेता है।

प्रेरक विचार : जब आप ज्ञान ग्रहण करने को प्राथमिकता बना लेते हैं, तो आपके ज्ञान का विस्तार होता है, क्योंकि आप लगातार उसी के बारे में सोच रहे हैं, बात कर रहे हैं और उस पर अमल कर रहे हैं।

क्षणिक प्रेरणा को स्थायी न मानें

धर्माऽख्याने श्मशाने च रोगिणां या मतिर्भवेत्।
सा सर्वदैव तिष्ठेच्चेत्को न मुच्येत बन्धनात्।। 14–06

धर्म के उपदेश सुनते समय, श्मशान में शवदाह देखकर तथा रोगी को छटपटाते देखकर मनुष्य के मन में जो सद्बुद्धि उत्पन्न होती है, अगर वह बाद में भी क़ायम रहे, तो मनुष्य संसार के बंधनों से मुक्त हो सकता है।

व्याख्या : अर्थात् मनुष्य को किसी चीज़ को देखने, सुनने या विचार करने से क्षण भर के लिए ज्ञान या वैराग्य होता है, लेकिन यह स्थायी नहीं रहता है। यदि यह स्थायी बन जाए, तो मनुष्य का कल्याण हो सकता है।

प्रेरक विचार : प्रेरणा क्षणिक होती है। जब आप किसी का प्रेरक व्याख्यान सुनते हैं, तो आपको लगता है कि सब कुछ बदल डालूँगा, लेकिन कुछ समय बाद आप पुराने ढर्रे पर लौट आते हैं। इसलिए अगर आप प्रेरणा को स्थायी बनाना चाहते हैं, तो निरंतरता पर ध्यान दें। निरंतरता से ही प्रेरणा स्थायी बनती है।

बिना विचारे जो करे, सो पीछे पछताय

उत्पन्नपश्चात्तापस्य बुद्धिर्भवति यादृशी।
तादृशी यदि पूर्व स्यात्कस्य न स्यान्महोदयः।। 14–07

पश्चाताप या अफ़सोस करते समय जो बुद्धि उत्पन्न होती है, अगर वह पहले ही उत्पन्न हो जाती, तो सबको मोक्ष मिल जाता।

व्याख्या : अर्थ स्वतः ही स्पष्ट है।

प्रेरक विचार : प्रायः अपने कामों के परिणाम सामने आने पर हमें अफ़सोस होता है। लेकिन हम यह नहीं सोचते कि अगर हम सोच–विचार कर काम करते और बुद्धिमान लोगों से सलाह लेते, तो हम उस काम को नहीं करते और दुखद परिणामों से बच जाते। यानी काम सोच–समझकर करें।

इन चीज़ों का घमंड न करें

दाने तपसि शौर्ये वा विज्ञाने विनये नये।
विस्मयो न हि कर्तव्यो बहुरत्ना वसुन्धरा।। 14–08

दान, तपस्या, वीरता, विनम्रता और ज्ञान का कभी घमंड नहीं करना चाहिए, क्योंकि संभवत: इस पृथ्वी पर आपसे ज़्यादा बड़े रत्न होंगे।

व्याख्या : इस संसार में एक से एक बढ़कर दानी, तपस्वी, वीर, विनम्र और ज्ञानी लोग हैं, इसलिए इन चीज़ों में कभी घमंड न करें, क्योंकि हर क्षेत्र में आपसे बड़ा कोई न कोई व्यक्ति निश्चित रूप से मौजूद होगा।

प्रेरक विचार : इस संसार में घमंड करने का कोई कारण नहीं है, क्योंकि आप किसी भी क्षेत्र को चुन लें, हर क्षेत्र में कोई न कोई आपसे ज़्यादा सफल होता है। संसार में आपसे ज़्यादा अमीर लोग हैं, इसलिए पैसों का घमंड न करें। संसार में आपसे ज़्यादा ज्ञानी लोग हैं, इसलिए ज्ञान का घमंड करने का कोई कारण नहीं है।

दूर कौन है, पास कौन है?

दूरस्थोऽपि न दूरस्थो यो यस्य मनसि स्थित:।
यो यस्य हृदये नास्ति समीपस्थोऽपि दूरत:।। 14–09

जो हृदय में है, वह दूर होने पर भी दूर नहीं, बल्कि समीप है। जो हृदय में नहीं है, वह समीप होने के बावजूद दूर है।

व्याख्या : सच्चे प्रेम में दूरी का कोई महत्व नहीं होता; भावनात्मक निकटता ज़्यादा महत्वपूर्ण होती है।

प्रेरक विचार : मन और भावना महत्वपूर्ण है। हृदय में बसा इंसान भले ही दूर हो, लेकिन मन हमेशा उसी के बारे में सोचता रहता है, यानी वह हमेशा पास रहता है। प्रेम में दूरी मायने नहीं रखती।

दुश्मन से मीठा बोलें

यस्माच्च प्रियमिच्छेत्तु तस्य ब्रूयात्सदा प्रियम्।
व्याधो मृगवधं कर्तु गीतं गायति सुस्वरम्।। 14-10

जिससे मतलब निकालना हो, उससे मीठा बोलना चाहिए, जैसे शिकारी हिरण का शिकार करने से पहले मधुर स्वर में गीत गाता है।

व्याख्या : अगर किसी से अपने हित में कोई काम कराना हो, स्वार्थ साधना हो, मतलब निकालना हो, तो उससे हमेशा मीठा बोलें, क्योंकि बहेलिया हिरण को जाल में फँसाने या मारने के लिए मीठे गीत गाता है और हिरण मीठी धुन के लालच में वहाँ आ जाता है।

प्रेरक विचार : अगर आपको लोगों से अपना काम निकलवाना है, तो मीठा बोलने की आदत डालें, क्योंकि मीठी बातें एनेस्थीसिया जैसी होती हैं। याद रखें, मक्खी को आमंत्रित करना हो, तो नींबू नहीं, गुड़ रखें।

इनके ज़्यादा दूर या निकट न जाएँ

अत्यासन्ना विनाशाय दूरस्था न फलप्रदाः।
सेव्यतां मध्यभावेन राजा वह्निर्गुरुः स्त्रियः।। 14-11

राजा, अग्नि, गुरु और स्त्री के ज़्यादा क़रीब जाने से विनाश होता है, लेकिन इनसे ज़्यादा दूर जाने से कोई लाभ नहीं होता है। मध्यम मार्ग ही श्रेष्ठ है।

व्याख्या : राजा, अग्नि, गुरु और स्त्री के ज़रूरत से ज़्यादा क़रीब रहने से हानि होती है, लेकिन इनसे ज़रूरत से ज़्यादा दूर रहने से लाभ नहीं होता, इसलिए न तो ज़्यादा दूरी रखें, न ही ज़्यादा क़रीब रहें।

प्रेरक विचार : पराई स्त्री के ज़्यादा क़रीब जाने से बचें, क्योंकि इस कारण जगहँसाई होती है, बुराई होती है, झगड़े होते हैं, ख़र्च होता है और आपका समय बरबाद होता है।

ये छह शीघ्र प्राण हर लेते हैं

अग्निराप: स्त्रियो मूर्खा: सर्पा राजकुलानि च।
नित्यं यत्नेन सेव्यानि सद्य: प्राणहराणि षट्।। 14–12

अग्नि, जल, स्त्री, मूर्ख, सर्प और राजपरिवार से सदा सतर्क रहें, क्योंकि ये छह शीघ्र ही जान ले लेते हैं।

व्याख्या : अर्थ स्वत: ही स्पष्ट है।

प्रेरक विचार : यहाँ भी स्त्री के मामले में सावधानी और सतर्कता की सलाह दी गई है, क्योंकि पराई स्त्रियाँ अपने फ़ायदे के लिए कभी भी आपका नुक़सान करा सकती हैं। जिस प्रेम की बुनियाद ही स्वार्थ हो, उसे जन्म–जन्मांतर का संबंध मानने की मूर्खता न करें।

जीवित कौन?

स जीवति गुणा यस्य यस्य धर्म: स जीवति।
गुणधर्मविहीनस्य जीवितं निष्प्रयोजनम्।। 14–13

इस संसार में जीवित वही है, जिसमें गुण और धर्म है। गुणों और धर्म से रहित व्यक्ति का जीवन व्यर्थ है।

व्याख्या : अर्थ स्वत: ही स्पष्ट है।

प्रेरक विचार : जीवन में गुण और धर्म महत्वपूर्ण हैं, क्योंकि अच्छे गुणों के कारण ही आपकी बेहतर छवि बनती है। धर्म का अर्थ यह है कि आपके काम धर्मसम्मत होने चाहिए तथा आपकी जीवनशैली सही होनी चाहिए।

इस एक काम से आप संसार को वश में कर सकते हैं

यदीच्छसि वशीकर्तु जगदेकेन कर्मणा।
पुरा पंचदशास्येभ्यो गां चरन्तीं निवारय।। 14–14

यदि आप एक ही काम से संसार को वश में करना चाहते हों, तो दूसरे की बुराई के खेत में अपनी जीभ को न चरने दें।

व्याख्या : इसका अर्थ यह है कि किसी की बुराई न करना ही इस संसार का सबसे बड़ा वशीकरण मंत्र है।

प्रेरक विचार : हमें किसी की बुराई करने से बचना चाहिए, क्योंकि एक तो इससे हमें कोई फ़ायदा नहीं होता, दूसरे इससे हमारे अंदर अपराधबोध हो सकता है और तीसरे इससे हम नकारात्मक फ्रीक्वेंसी पर पहुँच जाते हैं, जिससे हमारे जीवन में नकारात्मक चीज़ें होने लगती हैं। इसके अलावा, यह भी कहा जाता है कि किसी की अनुपस्थिति में की गई बुराई का बुरा फल आपको भोगना पड़ता है।

ज्ञानी की पहचान

प्रस्तावसदृशं वाक्यं प्रभावसदृशं प्रियम्।
आत्मशक्तिसमं कोपं यो जानाति स पण्डितः।। 14–15

जो व्यक्ति अवसर के अनुकूल बात करता है, प्रिय प्रभाव छोड़ता है और अपनी शक्ति को ध्यान में रखकर क्रोध करता है, वही विद्वान है।

व्याख्या : जो व्यक्ति यह जानता है कि कब क्या बोलना है, अच्छा प्रभाव कैसे छोड़ना है और कहाँ कितना क्रोध करना चाहिए, वही विद्वान है।

प्रेरक विचार : अवसर के अनुरूप बोलना और मधुरभाषी बनना लोकप्रिय होने का अचूक तरीक़ा है। अपनी असली भावनाएँ या विचार सबके सामने उजागर न करें; लोक-व्यवहार में थोड़ी कूटनीति लाभदायक होती है।

सबका दृष्टिकोण अलग होता है

एक एव पदार्थस्तु त्रिधा भवति वीक्षितः।
कुणपं कामिनी मांसं योगिभिः कामिभिः श्वभिः।। 14–16

एक ही पदार्थ को तीन प्राणी अलग-अलग दृष्टि से देखते हैं। स्त्री के शरीर को योगी शवरूप समझते हैं, काम-वासना में लीन लोग सुंदर मानते हैं और कुत्ता मांस का पिंड समझता है।

व्याख्या : यानी एक ही चीज़ को लोग अपने-अपने दृष्टिकोणों से देख सकते हैं और देखते भी हैं। स्त्री का शरीर वही रहता है, लेकिन योगी, कामी पुरुष और कुत्ता अपने ज्ञान व इच्छा के हिसाब से उसे अलग-अलग रूप में देखते हैं।

प्रेरक विचार : नज़रिया महत्वपूर्ण होता है। आपने जिस भावना का रंगीन चश्मा लगा रखा है, सामने वाला आपको उसी रंग का दिखाई देगा।

बुद्धिमान लोग ये बातें गुप्त रखते हैं

सुसिद्धमौषधं धर्मं गृहच्छिद्रं च मैथुनम्।
कुभुक्तं कुश्रुतं चौव मतिमान्न प्रकाशयेत्।। 14–17

सिद्ध औषधि, परोपकार व दान, घर की कमियाँ या दोष, पत्नी के साथ संभोग, ख़राब भोजन तथा किसी के बोले बुरे वचन – ये बातें बुद्धिमान लोग उजागर नहीं करते।

व्याख्या : अर्थ स्वत: ही स्पष्ट है।

प्रेरक विचार : सोशल मीडिया पर लोग अपने और घर के सारे भेद उजागर कर देते हैं, लेकिन चाणक्य नीति पर चलने वाले लोग अपने घर के भेद सार्वजनिक नहीं करते, क्योंकि इससे सामने वाला आपके घर में सेंध लगाकर आपको नुक़सान पहुँचा सकता है।

उचित अवसर की प्रतीक्षा करें

तावन्मौनेन नीयन्ते कोकिलैश्चैव वासरा:।
यावत्सर्वजनानन्ददायिनी वाक्प्रवर्तते।। 14-18

जब तक सभी मनुष्यों को आनंद देने वाली वसंत ऋतु नहीं आती है, तब तक कोयल मौन रहकर दिन काटती है।

व्याख्या : कोयल वसंत ऋतु आने तक चुप रहती है और तभी मधुर स्वर में गाकर सबको आनंदित करती है। अर्थात् मधुर बोलें और उचित समय पर बोलें। यदि मधुर न बोल पाएँ, तो मौन रहें। धैर्य से सही समय का इंतज़ार करें।

प्रेरक विचार : अनुकूल परिस्थितियाँ आने पर अपनी योग्यता का प्रदर्शन करें। प्रतिकूल समय या परिस्थितियों में योग्यता के प्रदर्शन से ज़्यादा फ़ायदा नहीं होता है।

इनका संग्रह करें

धर्मं धनं च धान्यं च गुरोर्वचनमौषधम्।
सुगृहीतं च कर्तव्यमन्यथा तु न जीवति।। 14-19

धार्मिक आचरण, धन-धान्य और गुरु के वचनों तथा औषधियों पर विशेष ध्यान देकर इनका संग्रह करना चाहिए, अन्यथा व्यक्ति सुखमय जीवन नहीं जी पाता।

व्याख्या : धार्मिक काम ज़्यादा से ज़्यादा करना चाहिए, धन का संग्रह अच्छी तरह करना चाहिए, गुरु के मार्गदर्शक वचनों पर अमल करना चाहिए और औषधियों का संग्रह करना चाहिए, अन्यथा व्यक्ति सुखमय जीवन नहीं जी सकता।

प्रेरक विचार : व्यक्ति को धन का संग्रह करना चाहिए और छह महीने के व्यय का आपातकालीन फ़ंड रखना चाहिए।

दुर्जनों की नहीं, सज्जनों की संगत में रहें

त्यज दुर्जनसंसर्ग भज साधुसमागमम्।
कुरु पुण्यमहोरात्रं स्मर नित्यमनित्यत:।। 14–20

दुर्जनों का साथ छोड़कर सज्जनों की संगति करो, दिन–रात पुण्य करो, संसार की अनित्यता को समझते हुए नित्य परमात्मा का स्मरण करो।

व्याख्या : अर्थ स्वत: ही स्पष्ट है।

प्रेरक विचार : सज्जनों की संगति करें, क्योंकि आप अपने साथियों के अनुरूप ही बन जाते हैं।

रोचक प्रसंग

चाणक्य जानते थे कि राजा के भोजन में ज़हर मिलाने के षड्यंत्र बहुत आम हैं, इसलिए वे चंद्रगुप्त के खाने में थोड़ा-थोड़ा ज़हर मिलाते थे और उसकी मात्रा बढ़ाते रहते थे।

उनका उद्देश्य तो सही था, लेकिन उनसे यह चूक हो गई कि उन्होंने यह बात चंद्रगुप्त को नहीं बताई। एक दिन चंद्रगुप्त की गर्भवती रानी ने भी चंद्रगुप्त का भोजन खा लिया। चाणक्य रानी को तो नहीं बचा पाए, लेकिन उसकी संतान को बचा लिया, जिसका नाम बिंदुसार रखा गया और वह आगे चलकर राजसिंहासन पर बैठा।

इस किंवदंती से हम यह सबक़ ले सकते हैं कि हमारे इरादे अच्छे होने के बावजूद परिस्थितियाँ ऐसी बन सकती हैं कि हमें विपरीत परिणाम मिलें।

अध्याय 15

प्रतीक अनावश्यक हैं

यस्य चित्तं द्रवीभूतं दृपया सर्वजन्तुषु।
तस्य ज्ञानेन मोक्षेण किं जटाभस्मलेपनैः।। 15-01

जिसके मन में सभी जीवों के प्रति दया भाव हो, उसे ज्ञान, मोक्ष, जटाजूट रखने या शरीर पर भस्म लगाने की क्या ज़रूरत है?

व्याख्या : जिसमें दया भाव है, वही सच्चा मनुष्य है। उसे आत्मा का ज्ञान हो चुका है और वह मोक्ष की राह जान चुका है, इसलिए उसे जटाजूट रखने या शरीर पर भस्म मलने या तिलक-चंदन-टीका लगाने की कोई आवश्यकता नहीं है। ऐसे व्यक्ति को मोक्ष और ज्ञान प्राप्त करने के लिए तपस्या करने की भी कोई ज़रूरत नहीं है।

प्रेरक विचार : प्रदर्शन के बजाय कर्म पर ध्यान केंद्रित करें।

गुरु के प्रति कृतज्ञ रहें

एकमप्यक्षरं यस्तु गुरुः शिष्यं प्रबोधयेत्।
पृथिव्यां नास्ति तद्‌द्रव्यं यद्‌दत्त्वा सोऽनृणी भवेत्।। 15-02

गुरु शिष्य को जो ज्ञान का एक अक्षर देता है, पूरी पृथ्वी पर ऐसा ख़ज़ाना नहीं है, जो उसके ऋण से आपको उऋण कर सके।

व्याख्या : एकाक्षर ओंकार का ज्ञान ब्रह्मज्ञान है, जिससे इहलोक और परलोक दोनों में समस्त इच्छाओं की पूर्ति हो सकती है, अतः उस एक अक्षर का ज्ञान देने वाले गुरु के ऋण को उतारा नहीं जा सकता।

प्रेरक विचार : इस श्लोक में गुरु की महिमा बताई गई है, जिससे मिलता-जुलता श्लोक पहले भी आ चुका है। आपको ज्ञान देने वालों या गुरुओं का आभारी रहना चाहिए, क्योंकि उन्होंने आपको जीवन जीने का तरीक़ा सिखाया और बेहतर बनाया।

दुष्टों से बचने के दो तरीक़े

खलानां कण्टकानां च द्विविधैव प्रतिक्रिया।
उपानन्मुखभंगो वा दूरतो वा विसर्जनम्।। 15-03

दुष्टों और काँटों से बचने के दो उपाय हैं - जूते पहनें या फिर उनसे दूर रहें।

व्याख्या : दुष्टों और काँटों से बचने के लिए या तो उनसे दूर रहें या फिर उनका अस्तित्व ही ख़त्म कर दें, ताकि वे दोबारा आपका बुरा न कर सकें। परिस्थिति के अनुसार उचित निर्णय लें।

प्रेरक विचार : ग़लत लोगों और चीज़ों का सीधे विरोध करने में नुक़सान की आशंका होती है, क्योंकि इससे वे आपको नुक़सान पहुँचा सकते हैं और आप नकारात्मक फ्रीक्वेंसी पर आ सकते हैं, इसलिए उनसे दूर रहना ही श्रेष्ठ नीति है।

लक्ष्मी किस पर कृपालु नहीं होतीं?

कुचैलिनं दन्तमलोपधारिणं
बह्वाशिनं निष्ठुरभाषिणं च।

सूर्योदये चास्तमिते शयानं
विमुंचति श्रीर्यदि चक्रपाणिः।। 15-04

जो मैले-कुचैले कपड़े पहनता है, जिसके दाँत गंदे हैं, जो हब्शियों की तरह खाता है और निष्ठुर वचन बोलता है, जो सूर्योदय के बाद उठता है तथा सूर्यास्त के समय सोता है, लक्ष्मीजी उसे त्याग देती हैं, भले ही स्वयं विष्णु भगवान क्यों न हों।

व्याख्या : लक्ष्मीजी गंदगी, आलस्य और असभ्यता से दूर रहती हैं, अतः ग़रीबी दूर करने के लिए इंसान को साफ़-सुथरे कपड़े पहनना चाहिए, ताकि दूसरों के मन में अच्छी छवि बने। दाँत साफ़ रखें, क्योंकि गंदे दाँत लापरवाही की निशानी हैं। हब्शियों की तरह खाने से आलस आता है और निष्ठुर बोलने से लोग अप्रसन्न हो जाते हैं, जिससे धनोपार्जन में बाधा पड़ती है। सूर्योदय के बाद उठने वाला व्यक्ति आलस्य से भरा होता है और मेहनती नहीं होता, इसलिए वह भी धनी नहीं बन सकता। यानी अगर आप अमीर बनना चाहते हैं, तो इस श्लोक के अनुसार अपनी आदतों को सही कर लें।

प्रेरक विचार : आपकी छवि और पहनावा महत्वपूर्ण होता है, क्योंकि लोग उसी आधार पर निर्णय लेते हैं। अगर आपका हुलिया और पहनावा विश्वसनीय नहीं है, तो लोग आप पर विश्वास नहीं करेंगे।

धन सबसे अच्छा रिश्तेदार है

त्यजन्ति मित्राणि धनैर्विहीनं
पुत्राश्च दाराश्च सुहृज्जनाश्च।

तमर्थवन्तं पुनराश्रयन्ति
अर्थो हि लोके मनुष्यस्य बन्धुः।। 15–05

धन जाने पर मित्र, पुत्र, पत्नी और रिश्तेदार सब छोड़कर चले जाते हैं। दोबारा धन आने पर वे सब लौट आते हैं, इसलिए इस संसार में धन ही मनुष्य का सबसे बड़ा बंधु है।

व्याख्या : यानी धन ही मनुष्य का सच्चा रिश्तेदार है, क्योंकि इसके होने पर सभी लोग संबंध जोड़ लेते हैं और इसके न होने पर संबंध तोड़ लेते हैं।

प्रेरक विचार : धन बहुत महत्वपूर्ण होता है, क्योंकि इस धन से लाभ लेने के लिए बहुत से लोग हमारे क़रीब आ जाते हैं। दुनिया में स्वार्थ का सिक्का चलता है, इसलिए जब आप किसी को लाभ पहुँचाने की स्थिति में नहीं होते, तो लोग आपसे कन्नी काट लेते हैं।

पाप की कमाई कब तक टिकती है?

अन्यायोपार्जितं द्रव्यं दश वर्षाणि तिष्ठति।
प्राप्ते चैकादशे वर्षे समूलं तद्विनश्यति।। 15–06

अन्याय या पाप से कमाया पैसा ज़्यादा से ज़्यादा दस वर्षों तक टिकता है। ग्यारहवें साल में वह मूल समेत नष्ट हो जाता है।

व्याख्या : यह चोरी का धन मोरी में वाली कहावत पर आधारित है। यानी आप ग़लत तरीक़ों से जो पैसा कमाते हैं, उससे आपको लाभ नहीं होता, बल्कि उससे आपको या आपके परिवार को बीमारी आदि का दुख झेलना पड़ता है। आप उस धन को कुछ समय तक तो अपने पास रख सकते हैं,

लेकिन फिर उसे ब्याज समेत चुकाना पड़ता है। फिर ग़लत काम करना ही क्यों?

प्रेरक विचार : धन सही तरीक़ों से कमाना चाहिए, ताकि वह लाभ पहुँचाए और लंबे समय तक सुरक्षित रहे। ग़लत कामों से कमाया पैसा स्थिर नहीं होता, बल्कि जल्दी ही नष्ट हो जाता है। ग़लत तरीक़ों से पैसा कमाने पर अपराधबोध भी रहता है, जिस वजह से मनुष्य ग़लत निर्णय लेता है और ग़लत काम करता है, जिस कारण उसे ग़लत परिणाम मिलते हैं।

बड़े व्यक्ति की हमेशा बढ़ाई होती है

अयुक्तं स्वामिनो युक्तं युक्तं नीचस्य दूषणम्।
अमृतं राहवे मृत्युर्विषं शंकरभूषणम्।। 15–07

संसार बड़े व्यक्ति के ग़लत काम को भी सही कहता है, जबकि छोटे व्यक्ति के अच्छे काम को भी ग़लत कहा जाता है। राहु के अमृत पीने पर उसके दो टुकड़े कर दिए गए, जबकि विष पीने पर यह शिवजी के गले का आभूषण बन गया और वे नीलकंठ कहलाए।

व्याख्या : बड़े आदमी के ग़लत कामों की भी वाहवाही होती है, जबकि छोटे आदमी के अच्छे कामों की भी निंदा होती है। भगवान शिव के विष पीने पर उनकी प्रशंसा हुई, जबकि राहु के अमृत पीने पर भी उसका गला काट दिया गया।

प्रेरक विचार : यह समरथ को नहीं दोष गुसाई, वाली कहावत का विस्तार है। यानी बड़े व्यक्ति के ग़लत कामों से भी उसे फ़ायदा हो सकता है, जबकि छोटे व्यक्ति के अच्छे कामों से भी उसे नुक़सान हो सकता है। यह करियर या ऑफ़िस में ख़ास तौर पर सच होता है।

क्या श्रेष्ठ है?

तद्भोजनं यद्द्विजभुक्तशेषं
तत्सौहृदं यत्क्रियते परस्मिन्।

सा प्राज्ञता या न करोति पापं
दम्भं विना यः क्रियते स धर्मः।। 15–08

वास्तविक भोजन वह है, जो ब्राह्मण को देने के बाद बचे। वास्तविक प्रेम वही है, जो दूसरों को दिया जाए। असली बुद्धिमत्ता वह है, जो पाप करने से रोके। सच्चा धर्म या दान वही है, जो प्रचार या दिखावे के बिना किया जाए।

व्याख्या : विद्वानों या अतिथियों को भोजन कराने के बाद ही भोजन करना चाहिए। स्वयं या अपनों के साथ-साथ दूसरों से भी प्रेम करना चाहिए। बुद्धिमत्ता की पहचान यही है कि यह मनुष्य को ग़लत राह पर न चलने दे। दिखावे या घमंड के बिना ही दान करना उचित होता है।

प्रेरक विचार : मनुष्य सोचता है कि अपने परिवार से प्रेम करना ही काफ़ी है, लेकिन जैसा चाणक्य कहते हैं, वास्तविक प्रेम वही है, जो दूसरों से बिना किसी स्वार्थ के किया जाता है। इससे आपकी मानसिकता अच्छी रहती है, आप जनहित के काम करते हैं, आप अपनी स्वार्थपूर्ति की चिंता के दुष्चक्र से बाहर निकलते हैं और लोकप्रिय भी होते हैं।

स्थान से योग्यता तय नहीं होती

मणिर्लुण्ठति पादाग्रे काचः शिरसि धार्यते।
क्रयविक्रयवेलायां काचः काचो मणिर्मणिः।। 15–09

रत्न पैर में हों और काँच सिर पर, तब भी ख़रीदते-बेचते समय काँच अपने भाव पर बिकता है और रत्न अपने भाव पर।

व्याख्या : परिस्थितिवश अगर रत्न पैरों में पड़े हों और काँच सिर पर रखा

हो, तब भी उन्हें ख़रीदते-बेचते समय जौहरी उनके वास्तविक मूल्य के आधार पर ही उनका मूल्यांकन करेगा।

प्रेरक विचार : कई बार परिस्थितिवश योग्य व्यक्ति की क़द्र नहीं होती और मूर्ख व्यक्ति ऊँचे पद पर पहुँच जाता है, लेकिन जब वास्तविक मूल्यांकन होता है, तब योग्य व्यक्ति का मूल्य ज़्यादा आँका जाता है।

सबसे महत्वपूर्ण सार सीखें

अनन्तशास्त्रं बहुलाश्च विद्याः
स्वल्पश्च कालो बहुविऽनता च।

यत्सारभूतं तदुपासनीयां
हंसो यथा क्षीरमिवाम्बुमध्यात्।। 15-10

शास्त्रों का ज्ञान अनंत है और विद्याएँ बहुत सारी हैं, हमारे पास समय बहुत कम है और उसमें भी बहुत सारी बाधाएँ आती हैं, इसलिए शास्त्रों का सबसे महत्वपूर्ण सार उसी तरह ग्रहण करें, जिस तरह हंस पानी छोड़कर दूध पी लेता है।

व्याख्या : मानव जीवन सीमित है और शास्त्रों का ज्ञान असीमित है, इसलिए मनुष्य को चाहिए कि वह सिर्फ़ अपने काम की बातें ग्रहण करें और बाक़ी बातों को छोड़ दे।

प्रेरक विचार : ज्ञान अपार है और समय कम है, इसलिए हमें सारगर्भित जानकारी ही ग्रहण करना चाहिए। शायद इसीलिए आजकल बुक समरीज़ बहुत लोकप्रिय हो गई हैं।

अतिथि सत्कार न करने वाला चाण्डाल है

दूरागतं पथि श्रान्तं वृथा च गृहमागतम्।
अनर्चयित्वा यो भुंक्ते स वै चाण्डाल उच्यते।। 15-11

जिसके घर दूर से थका-हारा पथिक बगैर किसी स्वार्थ के आता है, उसे भोजन कराने से पहले भोजन करने वाला मनुष्य चाण्डाल है।

व्याख्या : अतिथि का आदर-सत्कार करना चाहिए और उसे भोजन कराने के बाद ही भोजन करना चाहिए।

प्रेरक : दूसरों की जगह ख़ुद को रखकर देखें और दूसरों के साथ वैसा ही करें, जैसा आप अपने लिए चाहते हों। यह स्वर्णिम नियम ही अधिक सफलता का सूत्र और मूलमंत्र है।

आत्मज्ञान ही धर्म का मर्म है

पठन्ति चतुरो वेदान्धर्मशास्त्राण्यनेकशः।
आत्मानं नैव जानन्ति दर्वी पाकरसं यथा।। 15-12

चारों वेद और सारे धर्मशास्त्र पढ़ने के बाद भी जिसे आत्मज्ञान नहीं होता, वह उस चमचे के समान है, जो बहुत से स्वादिष्ट पकवानों में डूबने के बाद भी किसी का स्वाद नहीं ले पाता।

व्याख्या : चमचा पकवानों में डूबा रहता है, लेकिन उनके स्वाद से अनभिज्ञ रहता है। इसी तरह मूर्ख व्यक्ति धर्मशास्त्र को पढ़ने के बाद भी मूर्ख ही रहता है, क्योंकि वह स्वयं को यानी आत्मा को नहीं जान पाता।

प्रेरक विचार : अपनी आत्मा या स्वयं को जानना सबसे बड़ी उपलब्धि है। सुकरात ने सलाह दी थी, 'स्वयं को जानो।'

विनम्रता का लाभ

धन्या द्विजमयी नौका विपरीता भवार्णवे।
तरन्त्यधोगता: सर्वे उपरिष्ठा: पतन्त्यध:।। 15–13

संसार के समुद्र में ब्राह्मण रूपी नाव धन्य है, जो उलटी चलती है यानी जो इस नाव के नीचे रहते हैं, वे संसार के समुद्र को सकुशल पार कर जाते हैं, जबकि जो इस नाव के ऊपर चढ़ते हैं, उनका पतन हो जाता है।

व्याख्या : ब्राह्मण ज्ञान देते हैं, इसलिए उन्हें संसार समुद्र को पार करने वाली नाव कहा गया है। जो लोग इस ज्ञान को विनम्रता से ग्रहण करके अमल करते हैं, वे भवसागर में नहीं डूबते हैं, जबकि जो लोग अहंकारवश इस ज्ञान पर अमल नहीं करते हैं, वे डूब जाते हैं। इसका अर्थ है कि विनम्रता अभिमान से बेहतर परिणाम देती है।

प्रेरक विचार : योग्य व्यक्तियों के मार्गदर्शन में काम करें, क्योंकि इससे आप सुरक्षित रहते हैं और कम समय में अपने उद्देश्य को पूरा कर लेते हैं।

पराए घर में इज्ज़त घटती है

अयममृतनिधानं नायकोऽप्योषधीनां
अमृतमयशरीर: कान्तियुक्तोऽपि चन्द्र:।

भवतिविगतरश्मिर्मण्डलं प्राप्य भानो:
परसदननिविष्ट: को लघुत्वं न याति।। 15–14

चंद्रमा अमृत का भंडार और औषधियों का स्वामी है, जिसका शरीर अमर और कांतिमय है, लेकिन सूर्य के घर जाने पर यानी दिन में दिखाई देने पर यह तेजरहित हो जाता है, अर्थात् दूसरे के घर जाने से हर मनुष्य का तेज़ और महत्व कम हो जाता है।

व्याख्या : यानी दूसरों के घर जाने पर इंसान की शोभा घट जाती है और हीनता का अहसास होने लगता है।

प्रेरक विचार : यह ध्यान रखें कि आप कितने ही शक्तिशाली हों, आपसे शक्तिशाली कोई दूसरा व्यक्ति भी आपके क्षेत्र में आ सकता है। तब आप क्या करेंगे? तब आप उससे कैसे प्रतिस्पर्धा करेंगे?

जो पास है, उसे ही पसंद करें

अलिरयं नलिनीदलमध्यग: कमलिनीमकरन्दमदालस:।
विधिवशात्परदेशमुपागत: कुटजपुष्परसं बहु मन्यते।। 15-15

कमल के फूल में मधुपान करने वाला भौंरा जब संयोग से दूसरे देश में पहुँच जाता है, तो वहाँ कमल न होने के कारण वह कुटज के फूलों के रस को ही श्रेष्ठ मानने लगता है।

व्याख्या : कमल के बीच रहने वाला भौंरा उसकी क़द्र नहीं करता, लेकिन जब वह ऐसी जगह चला जाता है, जहाँ कमल नहीं हों, तो वह उपलब्ध फूलों की ही क़द्र करने लगता है। यानी मजबूरी में जो मिले, उसी से संतोष करना उचित होता है।

प्रेरक विचार : आप जिसे चाहते हैं, अगर आपको वह न मिल पाए, तो जो मिला है, उसे ही चाहने लगें। इस सूत्र को पत्नी, करियर, पद, गाड़ी, दौलत, संतान हर क्षेत्र में लागू किया जा सकता है। संतोषी सदा सुखी!

लक्ष्मी ब्राह्मणों के घर में क्यों नहीं रहतीं?

पीत: क्रुद्धेन तातश्चरणतलहतो वल्लभो येन रोषाद्
आबाल्याद्विप्रवर्यैः स्ववदनविवरे धार्यते वैरिणी मे।

गेहं मे छेदयन्ति प्रतिदिवसमुमाकान्तपूजानिमित्तं
तस्मात्खिन्ना सदाहं द्विजकुलनिलयं नाथ युक्तं त्यजामि।। 15–16

भगवान विष्णु ने लक्ष्मीजी से पूछा कि वे ब्राह्मणों के घर में क्यों नहीं रहतीं। उन्होंने जवाब दिया, अगस्त्य ऋषि ने क्रोध में मेरे पिता समुद्र को पी लिया था, भृगु मुनि ने आपके सीने पर लात मारी थी, ब्राह्मण मेरी प्रतिस्पर्धी सरस्वती की आराधना करते हैं और वे हर दिन शिवजी की पूजा करने के लिए कमल तोड़ते हैं, जिसमें मेरा वास है। यही कारण है कि मैं ब्राह्मणों के घर में नहीं रहती हूँ।

व्याख्या : अर्थ यह है कि ब्राह्मण के पास धन-संपदा नहीं रहती, क्योंकि वे सदैव विद्या ग्रहण करने में लगे रहते हैं और धन-संपत्ति को ज़्यादा महत्व नहीं देते।

प्रेरक विचार : ज्ञान और धन के बीच परस्पर विरोधाभास प्राचीन युग से दर्शाया जाता रहा है, लेकिन आज स्थिति बदल चुकी है। आज ज्ञान धन कमाने का सबसे तीव्र मार्ग बन चुका है, इसलिए यह बात आज लागू नहीं होती। लेकिन इससे हम यह सीख सकते हैं कि आपको अपना लक्ष्य स्पष्ट रखना चाहिए।

प्रेम का बंधन सबसे मज़बूत होता है

बन्धनानि खलु सन्ति बहूनि
प्रेमरज्जुदृतबन्धनमन्यत्।

दारुभेदनिपुणोऽपि षडंघ्रि–
र्निष्क्रियो भवति पंकजकोशेः।। 15–17

बंधन तो बहुत से होते हैं, लेकिन प्रेम का बंधन सबसे मज़बूत होता है। जिस भौंरे में लकड़ी तक को छेदने की शक्ति होती है, वह कमल के फूल में बंद होने के बावजूद फूल की पंखुड़ियों को नहीं काटता है, क्योंकि वह कमल के फूल से प्रेम करता है।

व्याख्या : प्रेम का बंधन अटूट होता है। भँवरा लकड़ी में भी छेद कर सकता है, लेकिन जब शाम को सूर्यास्त होने पर वह कमल की पंखुड़ियों में बंद हो जाता है, तब भी वह कमल की पंखुड़ियों को नुक़सान नहीं पहुँचाता, क्योंकि वह उससे बहुत ज़्यादा प्रेम करता है।

प्रेरक विचार : प्रेम का बंधन सबसे बड़ा बंधन होता है, क्योंकि इसमें व्यक्ति सामने वाले के हितों का ध्यान अपने हितों से भी ज़्यादा रखता है।

ये चीज़ें नहीं छूटती हैं

छिन्नोऽपि चन्दनतरुर्न जहाति गन्धं
वृद्धोऽपि वारणपतिर्न जहाति लीलाम्।

यन्त्रार्पितो मधुरतां न जहाति चेक्षुः
क्षीणोऽपि न त्यजति शीलगुणान्कुलीनः।। 15–18

चंदन का पेड़ कटने पर भी अपनी गंध नहीं छोड़ता। हाथी वृद्ध होने पर भी अपनी लीलाएँ नहीं छोड़ता। गन्ना निचोड़े जाने पर भी मिठास नहीं छोड़ता। इसी प्रकार कुलीन मनुष्य ग़रीब होने पर भी अपने शील और गुणों को नहीं छोड़ता।

व्याख्या : अर्थ स्वत: ही स्पष्ट है।

प्रेरक विचार : आदतें और गुण स्थायी होते हैं। अगर आप बचपन से ही कुशाग्र बुद्धि हैं, तो आप आगे भी ऐसे ही रहेंगे।

कीर्ति भी भाग्य से मिलती है

उर्व्यां कोऽपि महीधरो लघुतरो दोर्भ्यां धृतो
लीलया तेन त्वं दिवि भूतले च सततं गोवर्धनो गीयसे।

त्वां त्रैलोक्यधरं वहामि कुचयोरग्रे न तद्गण्यते
किं वा केशव भाषणेन बहुना पुण्यैर्यशो लभ्यते।। 15–19

भगवान कृष्ण ने गोवर्धन पर्वत को छोटी अँगुली पर उठा लिया, जिससे वे गिरधारी कहलाए। इससे गोवर्धन पर्वत को भी यश मिला। गोपियों ने कन्हैया को अपनी छाती से लगा-लगाकर बहुत खिलाया, लेकिन उन्हें पुण्य और यश नहीं मिला, अत: कीर्ति भी भाग्य से मिलती है।

व्याख्या : अर्थ स्वत: ही स्पष्ट है।

प्रेरक विचार : सफलता में भाग्य का बहुत महत्वपूर्ण योगदान होता है। परिश्रम का अपना महत्व है, लेकिन प्राय: देखा जाता है कि सफलता दिलाने में भाग्य की भूमिका महत्वपूर्ण होती है।

रोचक प्रसंग

चंद्रगुप्त को सिंहासन पर बैठाने और सेल्यूकस की कन्या से उनका विवाह कराने के बाद चाणक्य ने चंद्रगुप्त से कहा कि वे दो माह तक जंगल में कुटिया में रहना चाहते हैं, जहाँ स्वयं सम्राट भी उनसे मिलने न आएँ। यदि किसी विशेष काम से मिलना हो, तो पहले अनुमति अवश्य लें।

संयोग से इसके कुछ दिन बाद ही सेल्यूकस अपने दामाद से मिलने आए और उन्होंने चाणक्य से मिलने की इच्छा जताई। चंद्रगुप्त ने विशेष अनुमति लेने के लिए चाणक्य के पास दूत भेजा।

चाणक्य ने अनुमति दे दी और सेल्यूकस तथा चंद्रगुप्त का अभिनंदन किया।

सेल्यूकस ने कहा, 'मेरे आकस्मिक भारत आगमन से आपको आश्चर्य तो हुआ होगा?'

चाणक्य ने जवाब दिया, 'नहीं, मुझे कोई आश्चर्य नहीं हुआ। मैं आपके बारे में सब कुछ जानता हूँ। भारत यात्रा के दौरान आप कहाँ-कहाँ ठहरे, आपने किससे क्या बातचीत की, कहाँ खाना खाया, कैसे सोए, मुझे पूरी जानकारी है।' फिर उन्होंने सेल्यूकस को संक्षेप में बता भी दिया।

सेल्यूकस को स्तब्ध देखकर चाणक्य बोले, 'आप हमारे अतिथि हैं, मित्र हैं, संबंधी भी हैं, फिर भी हैं तो आप विदेशी। इसीलिए मैं आप पर नज़र रखे हुए था।'

सेल्यूकस ने आचार्य चाणक्य को प्रणाम करते हुए कहा, 'जिस चौकन्ने देशभक्त की निगाह राष्ट्र के चप्पे-चप्पे पर हो, वह देश सुरक्षित कैसे नहीं रहेगा?'

अध्याय 16

पुरुष हो, पुरुषार्थ करो

न ध्यातं पदमीश्वरस्य विधिवत्संसारविच्छित्तये
स्वर्गद्वारकपाटपाटनपटुर्धर्मोऽपि नोपार्जित:।

नारीपीनपयोधरोरुयुगला स्वप्नेऽपि नालिंगितं
मातु: केवलमेव यौवनवनच्छेदे कुठारा वयम्।। 16–01

जिस पुरुष ने संसार के मायाजाल को काटने के लिए न तो विधिपूर्वक श्री नारायण का ध्यान किया और न ही स्वर्ग का द्वार खोलने के लिए धर्म का संग्रह किया यानी जप–तप–दान आदि नहीं किया। जिसने किसी सुंदरी के स्तनों और जंघाओं का आलिंगन सच में तो क्या, स्वप्न में भी नहीं किया, वह अपनी माँ के यौवनरूपी उपवन को नष्ट करने वाले कुल्हाड़े जैसा होता है।

व्याख्या : इस श्लोक का अर्थ यह है कि जिसने धर्म, अर्थ, काम और मोक्ष चारों पुरुषार्थों में से किसी एक को भी प्राप्त नहीं किया, उसका जीवन व्यर्थ है, क्योंकि ऐसा पुत्र केवल अपनी माँ के यौवन को ही नष्ट करता है, जिसके जन्म लेने से कोई लाभ नहीं होता, जबकि गुणी व योग्य संतान के जन्म लेने से माँ ख़ुद को सौभाग्यशाली मानती है।

प्रेरक विचार : मनुष्य का जन्म पुरुषार्थ करने के लिए हुआ है, अत: उसे अपना समय व्यर्थ नहीं गँवाना चाहिए।

बदचलन की अदाएँ

जल्पन्ति सार्धमन्येन पश्यन्त्यन्यं सविभ्रमाः।
हृदये चिन्तयन्त्यन्यं न स्त्रीणामेकतो रतिः।। 16-02

बदचलन औरतें बातचीत किसी पुरुष से करती हैं, अदा से देखती किसी दूसरे पुरुष को हैं और हृदय में किसी तीसरे के बारे में ही सोचती हैं, यानी वे किसी एक व्यक्ति से प्रेम नहीं करती हैं, क्योंकि यह उनके स्वभाव में ही नहीं होता।

व्याख्या : ये वारांगना के स्वभाव के लक्षण हैं। वह अपनी स्वार्थपूर्ण प्रवृत्ति और चंचलता के वशीभूत होकर स्थिर या स्थायी प्रेम नहीं कर पाती। जो पुरुष यह मुग़ालता पालता है कि ऐसी औरत उससे सच्चा प्रेम करती है, वह महामूर्ख होता है।

प्रेरक विचार : मनुष्य को कुपात्र स्त्रियों से सच्चे प्रेम की उम्मीद नहीं करनी चाहिए।

इंसान पालतू पक्षी कब बनता है?

यो मोहान्मन्यते मूढो रक्तेयं मयि कामिनी।
स तस्या वशगो भूत्वा नृत्येत् क्रीडाशकुन्तवत्।। 16-03

जो मूर्ख व्यक्ति मूढ़ता के कारण किसी सुंदर औरत को ख़ुद पर मोहित मान लेता है, वह उसके वश में हो जाता है और पालतू पक्षी की तरह उसके इशारों पर नाचता रहता है।

व्याख्या : यदि किसी पुरुष को यह ग़लतफ़हमी हो जाती है कि यह सुंदरी मुझ पर मोहित हो गई है, तो वह मूर्ख है, क्योंकि इस भ्रम के कारण वह उसके इशारों पर कठपुतली या पालतू पक्षी की तरह नाचता रहता है।

चाणक्य के अनुसार पराई स्त्री से आसक्ति की आशा करने वाला व्यक्ति मूर्ख होता है।

प्रेरक विचार : कुछ स्त्रियाँ प्रेम का दिखावा करके अपना काम निकलवाना चाहती हैं या अपना स्वार्थ पूरा करना चाहती हैं। लेकिन यह प्रेम का दिखावा तभी तक है, जब तक स्वार्थ पूरा नहीं हो जाता।

ये चीज़ें सबके साथ होती हैं

कोऽर्थान्प्राप्य न गर्वितो विषयिण: कस्यापदोऽस्तं गता:
स्त्रीभि: कस्य न खण्डितं भुवि मन: को नाम राजप्रिय:।

क: कालस्य न गोचरत्वमगमत् कोऽर्थी गतो गौरवं
को वा दुर्जनदुर्गमेषु पतित: क्षेमेण यात: पथि।। 16–04

ऐसा कौन है, जिसे धन पाने पर घमंड न हुआ हो, जिसे विषयसुख भोगने में संकट का सामना न करना पड़ा हो, जिसे सुंदरियों ने अपने वश में न किया हो, जो सदा राजा का प्रिय रहा हो? ऐसा कौन है, जो पैदा होने के बाद मरा न हो? ऐसा कौन है, जो कभी याचक न बना हो? ऐसा कौन है, जिसे दुर्जनों ने न सताया हो या जिसमें दुर्गुण न रहे हों?

व्याख्या : इसका मतलब है कि घमंड सबको होता है, कष्ट सबके जीवन में आते हैं, सुंदर औरतों पर सभी मोहित होते हैं, राजा को सदैव कोई प्रिय नहीं रहता, हर व्यक्ति को मृत्यु आती है, हर व्यक्ति को आग्रह करना या कोई चीज़ माँगनी पड़ती है, हर व्यक्ति को बुरे लोग तथा दुर्गुण सताते हैं।

प्रेरक विचार : मनुष्य को यह मानना चाहिए कि वह अनूठा तो है, लेकिन उसकी नियति वही है, जो पूरी मनुष्य जाति की है। अत: मानव स्वभाव को समझें, क्योंकि यह कालातीत, सर्वव्यापी, सनातन और शाश्वत होता है।

विनाश काले विपरीत बुद्धि

न निर्मितो न चैव न दृष्टपूर्वो
न श्रूयते हेममयः कुरंगः।

तथाऽपि तृष्णा रघुनन्दनस्य
विनाशकाले विपरीतबुद्धिः।। 16–05

स्वर्ण के मृग को न तो किसी ने बनाया, न ही देखा–सुना, फिर भी श्रीराम उसे पकड़ने चल दिए, जिससे यह समझ में आता है कि बुरा समय आने पर मनुष्य की तो क्या, देवताओं की भी बुद्धि उलटी हो जाती है।

व्याख्या : विनाशकाले विपरीत बुद्धि! विधाता ने सोने का हिरण नहीं बनाया है। श्रीराम तो यह बात जानते थे, लेकिन फिर भी वे उसे पकड़ने चल दिए और यह सोचा भी नहीं कि हिरण सोने का कैसे हो सकता है, ज़रूर कोई मायावी राक्षस होगा। मुश्किल समय में मनुष्य की बुद्धि सही तरीक़े से नहीं चल पाती है, जिस कारण वह सही निर्णय नहीं ले पाता।

प्रेरक विचार : जब समय ख़राब होता है, तो आप ख़राब निर्णय लेते हैं और उन निर्णयों पर काम करते हैं, जिसके आपको ख़राब परिणाम मिलते हैं।

गुण पद से श्रेष्ठ होते हैं

गुणैरुत्तमतां याति नोच्चौरासनसंस्थिताः।
प्रासादशिखरस्थोऽपि काकः किं गरुडायते।। 16–06

मनुष्य ऊँची जगह पर बैठने की वजह से नहीं, अपितु अपने गुणों की वजह से श्रेष्ठ होता है। महल की छत पर बैठने वाला कौआ कभी गरुड़ नहीं बन सकता।

व्याख्या : इंसान चाहे कितना ही अमीर बन जाए, कितने ही ऊँचे पद पर बैठ जाए, लेकिन अगर वह गुणवान नहीं है, तो उसे श्रेष्ठ पुरुष नहीं माना जा सकता, क्योंकि गुणों से ही व्यक्ति बड़ा या महान कहलाता है।

प्रेरक विचार : इंसान पद से नहीं, गुणों से महान बनता है। किसी को ग़लती से अगर ऊँचा पद मिल जाए, तो वह महान नहीं हो जाता।

गुण धन से श्रेष्ठ होते हैं

गुणाः सर्वत्र पूज्यन्ते न महत्योऽपि सम्पदः।
पूर्णेन्दुः किं तथा वन्द्यो निष्कलंको यथा दृशः।। 16–07

हर जगह गुणों की पूजा होती है, धन–दौलत की नहीं। क्या पूर्णिमा का चाँद वैसा दिखाई देता है, जैसे द्वितीया का निष्कलंक चंद्रमा?

व्याख्या : पूर्णिमा का चाँद बड़ा होता है, लेकिन उसमें दाग़ होने के कारण उसकी पूजा नहीं होती, जबकि दूज के निष्कलंक चाँद के आगे सभी सिर झुकाते हैं, क्योंकि उसमें दाग़ नहीं होता। दूज का चाँद ईद का संदेशवाहक है और शिवजी का आभूषण भी है। अर्थात् सम्मान धन–दौलत का नहीं, बल्कि गुणों का होता है। यह श्लोक चाणक्य के एक पूर्व श्लोक के विपरीत जान पड़ता है, जिसमें बताया गया है कि धन ही सबसे महत्वपूर्ण होता है और धनी व्यक्ति के गुणों का बखान किया जाता है।

प्रेरक विचार : मनुष्य को धन बटोरने पर नहीं, बल्कि गुण बढ़ाने या विकसित करने पर ध्यान देना चाहिए, क्योंकि गुणों के आधार पर ही धन हासिल होता है और समाज में प्रशंसा होती है तथा मनुष्य जीवन सार्थक बनता है।

अपने मुँह मियाँ मिट्ठू

परैरुक्तगुणो यस्तु निर्गुणोऽपि गुणी भवेत्।
इन्द्रोऽपि लघुतां याति स्वयं प्रख्यापितैर्गुणैः।। 16–08

जिसके गुणों की प्रशंसा दूसरे लोग करते हैं, वह गुणहीन होने पर भी गुणवान माना जाएगा। किंतु अपने गुणों की प्रशंसा स्वयं करने वाले को गुणहीन ही माना जाएगा, भले ही वह साक्षात इंद्र क्यों न हो।

व्याख्या : दूसरों की तारीफ़ सच्ची मानी जाती है। अपनी तारीफ़ करना अपने मुँह मियाँ मिट्ठू बनने की श्रेणी में आता है।

प्रेरक विचार : आजकल स्व–प्रचार या विज्ञापन का जमाना है, इसलिए यह श्लोक थोड़ा विपरीत नज़र आता है, लेकिन इसमें जो गूढ़ बात छिपी है, वह यह है कि प्रचार स्वयं न करें, बल्कि दूसरों से कराएँ, जैसे अपने ग्राहकों से अपना प्रचार कराएँ।

विवेक मनुष्य का महत्वपूर्ण गुण है

विवेकिनमनुप्राप्ता गुणा यान्ति मनोज्ञताम्।
सुतरां रत्नमाभाति चामीकरनियोजितम्।। 16–09

गुण भी विवेकशील व्यक्ति को पाकर उसी तरह ज़्यादा सुंदर दिखते हैं, जिस तरह सोने में जड़ा हीरा ज़्यादा सुंदर प्रतीत होता है।

व्याख्या : चाणक्य का अर्थ है कि गुण यदि बुद्धिमान व्यक्ति में हैं, तो वे ज़्यादा फ़ायदा पहुँचाते हैं। जैसे हीरे को अगर किसी सस्ती धातु में जड़ दिया जाए, तो उसमें वह बात नहीं आती, जो सोने में जड़ने पर आती है। हीरे को सोने में जड़ने से उसमें चार चाँद लग जाते हैं, इसी तरह गुण भी विवेकी व्यक्ति की ही शोभा बढ़ाते हैं।

प्रेरक विचार : गुणों का होना अच्छी बात है, लेकिन बुद्धि भी अच्छी होनी चाहिए, तभी सफलता का संयोग बनता है।

सबको सही आश्रय चाहिए

गुणैः सर्वज्ञतुल्योऽपि सीदत्येको निराश्रयः।
अनर्घ्यमपि माणिक्यं हेमाश्रयमपेक्षते।। 16–10

गुणों में सर्वज्ञ होते हुए भी आश्रयहीन व्यक्ति दुख उठाता है, क्योंकि अत्यंत मूल्यवान माणिक को भी सोने की अँगूठी में आश्रय की ज़रूरत होती है।

व्याख्या : गुणवान व्यक्ति को उसी तरह आश्रय चाहिए होता है, जिस तरह किसी मूल्यवान रत्न को सोने की अँगूठी के आश्रय की ज़रूरत होती है। उदाहरण के लिए अकबर के नवरत्न बेहद गुणवान थे, लेकिन अकबर के आश्रय के कारण ही उनकी प्रतिभा को पहचान व लोकप्रियता मिली।

प्रेरक विचार : इस संसार में हर व्यक्ति को सहारे की ज़रूरत होती है, चाहे वह भावनात्मक हो या आर्थिक, इसलिए अपने समर्थकों की टीम बनाएँ, अन्यथा सर्वज्ञ और अच्छे गुण होने पर भी आप उतने कामयाब नहीं होंगे, जितने समर्थकों की टीम होने पर होते।

बुरा धन कैसा होता है?

अतिक्लेशेन यद्द्रव्यमतिलोभेन यत्सुखम्।
शत्रूणां प्रणिपातेन ते ह्यर्था न भवन्तु मे।। 16–11

जो धन दूसरों को कष्ट पहुँचाकर, अति लोभ करके और शत्रु के सामने सिर झुकाने से प्राप्त होता है, वह मुझे नहीं चाहिए।

व्याख्या : चाणक्य इस श्लोक में अनुचित साधनों से प्राप्त धन को त्याज्य मानते हुए कहते हैं कि लोभ, अपमान और परपीड़ा से प्राप्त धन की कामना करना व्यर्थ है, क्योंकि इससे सुख नहीं मिलता। सुख तो उस धन से मिलता है, जो बुद्धि और परिश्रम से प्राप्त किया जाए।

प्रेरक विचार : धन को धर्म की राह पर चलकर हासिल करना चाहिए और अधर्म की राह पर चलने से बचना चाहिए। अधर्म से कमाया पैसा सुख

नहीं देता, जबकि धर्म से कमाया पैसा हमेशा सुख देता है, क्योंकि आपकी अंतरात्मा साफ़ रहती है, आप संतुष्ट रहते हैं और आप चैन से सो सकते हैं।

ऐसे धन का क्या लाभ?

किं तया क्रियते लक्ष्म्या या वधूरिव केवला।
या तु वेश्येव सामान्या पथिकैरपि भुज्यते।। 16–12

उस धन का क्या लाभ, जो कुलवधू की तरह केवल एक ही मनुष्य के उपयोग के लिए हो। श्रेष्ठ धन वारांगना जैसा होता है, जिसका भोग आम नागरिक और पथिक भी करें।

व्याख्या : धन चंचल है, इसलिए उसे तिजोरी में बंद करना उचित नहीं है। जो कंजूस अपने धन को तिजोरी में बंद करके रखता है, उससे किसी का भला नहीं होता। धन का उपयोग तो उपभोग, समाज कयाण, दान, परोपकार और ज़रूरतमंदों की मदद के लिए करना चाहिए।

प्रेरक विचार : धन स्वयं के लिए ही नहीं, अपितु पूरे समाज के लिए कमाएँ। रॉकेफ़ेलर, बफ़ेट और बिल गेट्स जैसे मनुष्यों ने अरबों डॉलर कमाए, लेकिन एक समय ऐसा आया, जब उन्हें यह अहसास हुआ कि सार्थकता धन संग्रह में नहीं, अपितु परमार्थ में है।

किन चीज़ों से सभी अतृप्त रहते हैं?

धनेषु जीवितव्येषु स्त्रीषु चाहारकर्मसु।
अतृप्ताः प्राणिनः सर्वे याता यास्यन्ति यान्ति च।। 16–13

धन, जीवन, स्त्री भोग और स्वादिष्ट भोजन के मामले में सभी मनुष्य अतृप्त रहकर गए हैं, जा रहे हैं और जाते रहेंगे!

व्याख्या : विषयभोग की इच्छाएँ, कामनाएँ और वासनाएँ कभी तृप्त नहीं होतीं। विषय सुख की प्रकृति ही ऐसी है कि इससे संतुष्टि नहीं मिलती

है। यही माया है। इसलिए बेहतर यही है कि इंद्रिय सुखों के मायाजाल में उलझने के बजाय वास्तविक सुख पर ध्यान केंद्रित करें।

प्रेरक विचार : मनुष्य को अपने लक्ष्य की राह में इंद्रियों को आड़े नहीं आने देना चाहिए, जो व्यवधान पैदा करने में माहिर होती हैं। उसे तमाम बाधाओं के बावजूद अपने लक्ष्य की दिशा में काम करते रहना चाहिए।

मीठे बोल सारे द्वार खोल देते हैं

प्रियवाक्यप्रदानेन सर्वे तुष्यन्ति जन्तवः।
तस्मात्तदेव वक्तव्यं वचने का दरिद्रता।। 16-14

मीठे वचन बोलने से सभी प्राणी ख़ुश होते हैं। वाणी हमारे अधीन है और बोलने में कुछ ख़र्च भी नहीं होता, फिर मीठे वचन बोलने में दरिद्रता या कंजूसी कैसी?

व्याख्या : चाणक्य नीति में मधुर वचन बोलने या मीठा बोलने का महत्व कई श्लोकों में बताया गया है। इस श्लोक में भी बताया गया है कि मीठे बोल बोलने से जब सभी संतुष्ट होते हैं, तो उन्हें क्यों न बोलें, जबकि उन्हें बोलने में आपका कुछ भी ख़र्च नहीं होता और उसकी वजह से आप सबको अपना बना लेते हैं।

प्रेरक विचार : मीठी बोली से सामने वाले को अच्छा लगता है, वह आपको अपना हितैषी समझता है, वह आपकी प्रशंसा करता है, वह आपके बताए तरीक़े से काम करने के लिए ज़्यादा अनुकूल मानसिकता में आ जाता है, तो फिर कटु शब्द बोलने के बजाय मीठा क्यों न बोलें?

सर्वश्रेष्ठ दान कौन सा है?

क्षीयन्ते सर्वदानानि यज्ञहोमबलिक्रिया:।
न क्षीयते पात्रदानमभयं सर्वदेहिनाम्।। 16–15

यज्ञ, होम, बलि और सभी प्रकार के दानों का फल भोगने पर नष्ट हो जाता है, लेकिन सुपात्र को दिया दान और समस्त जीवों को दिया गया अभयदान कभी नष्ट नहीं होता।

व्याख्या : बाक़ी सारे दानों का फल भोगने से नष्ट हो जाता है, लेकिन सुपात्र को दान देने और किसी को जीवनदान देने का फल कभी नष्ट नहीं होता।

प्रेरक विचार : दान हमेशा सुपात्र को करें, क्योंकि इसका फल कभी नष्ट नहीं होता। वह व्यक्ति प्रगति करता है, कृतज्ञ रहता है और आपके दिए दान को हमेशा याद रखता है।

याचक से सब दूर भागते हैं

तृणं लघु तृणात्तूलं तूलादपि च याचक:।
वायुना किं न नीतोऽसौ मामयं याचयिष्यति।। 16–16

तिनका छोटा होता है, रुई तिनके से भी हल्की होती है, लेकिन याचक रुई से भी हल्का होता है। हवा याचक को इसलिए उड़ाकर नहीं ले जाती, क्योंकि इसे डर होता है कि कहीं यह मुझसे कुछ माँग न ले?

व्याख्या : भिखारी या कर्ज़ लेने वाले की स्थिति बहुत बुरी होती है, क्योंकि सब इस डर से उससे दूर भागते हैं कि कहीं वह कुछ माँग न ले।

प्रेरक विचार : लेने वाले के बजाय देने वाले बनें। ग़रीब व्यक्ति से सब दूर इसीलिए रहते हैं कि कहीं यह कुछ माँग न ले, जबकि अमीर व्यक्ति के आस-पास सब इसलिए रहते हैं क्योंकि उससे कुछ मिल सकता है। इसलिए अमीर बनने का प्रयास करें, ताकि आप समाज में योगदान दे सकें।

अपमान से मौत भली

वरं प्राणपरित्यागो मानभंगेन जीवनात्।
प्राणत्यागे क्षणं दु:खं मानभंगे दिने दिने।। 16–17

अपमान भरा जीवन जीने से मौत बेहतर है, क्योंकि मृत्यु में क्षण भर का दुख होता है, जबकि अपमान में हर दिन दुख झेलना पड़ता है।

व्याख्या : अपमानजनक जीवन जीने से मृत्यु का दुख छोटा होता है, क्योंकि अपमान हर पल दुख देता है।

प्रेरक विचार : अगर आपका जीवन अपमानजनक है, तो आपको हर पल दुख झेलना पड़ता है, इसलिए सम्मान का लक्ष्य बनाएँ और सम्मान हासिल करने का उपाय यही है कि आप सफल, अमीर और गुणवान बनें।

इस संसार में ये दो चीज़ें अमृत जैसी हैं

संसारविषवृक्षस्य द्वे फलेऽमृतोपमे।
सुभाषितं च सुस्वादु संगति: सज्जने जने।। 16–18

संसाररूपी विषवृक्ष के दो फल अमृततुल्य हैं : अच्छी वाणी और अच्छे लोगों की संगति।

व्याख्या : अर्थ स्वत: ही स्पष्ट है।

प्रेरक विचार : अच्छी वाणी और अच्छी संगति अमूल्य हैं, क्योंकि इनसे आपको दूसरों का सद्भाव हासिल होता है और आप बेहतर बनते हैं।

अभ्यास ही अभ्यास का सामर्थ्य देता है

जन्म जन्म यदभ्यस्तं दानमध्ययनं तपः।
तेनैवाऽभ्यासयोगेन देही चाभ्यस्यते पुनः।। 16–19

कई जन्मों में मनुष्य ने जिस दान, अध्ययन और तप का अभ्यास किया है, उसी अभ्यास के कारण वह उसे दोहराता है।

व्याख्या : इसका अर्थ है कि कई जन्म तक दान, अध्ययन और तप के अभ्यास के बाद ही वह व्यक्ति इन कामों में माहिर बनता है, क्योंकि ये गुण एक जन्म के अभ्यास का परिणाम नहीं हैं।

प्रेरक विचार : आप जिस चीज़ का अभ्यास करेंगे, आप उसमें बेहतर बनेंगे और आप आगे भी उसका अभ्यास करना चाहेंगे। ध्यान दें, जो व्यक्ति गणित में मेहनत करता है, वह उसमें बेहतर बनता है और उसकी रुचि जाग जाती है, इसलिए वह गणित में और ज़्यादा मेहनत करता है, जिससे वह और बेहतर बन जाता है। यही धन के संदर्भ में भी सही है।

अपना ज्ञान और धन ही काम आता है

पुस्तकस्था तु या विद्या परहस्तगतं धनं।
कार्यकाले समुत्पन्ने न सा विद्या न तद्धनम्।। 16–20

पुस्तकों तक सीमित विद्या और दूसरे के हाथ में गया पैसा ज़रूरत पड़ने पर मनुष्य के काम नहीं आते।

व्याख्या : अपना ज्ञान और अपने हाथ का पैसा ही समय पर काम आता है। विद्या आपको कंठस्थ होनी चाहिए, तभी काम आती है। कर्ज़ में दिया धन और पुस्तकों में लिखी विद्या मुश्किल समय में काम नहीं आते हैं।

प्रेरक विचार : ज्ञान और धन वही काम आता है, जो ख़ुद के पास हो, अतः इनका समुचित संचय करें।

रोचक प्रसंग

चाणक्य दूरदर्शी थे। वे जानते थे कि एक दिन चंद्रगुप्त राजा नहीं रहेंगे और वे ख़ुद भी इस संसार में नहीं रहेंगे, इसलिए उन्होंने भावी राजाओं के लाभ के लिए 'अर्थशास्त्र' नामक पुस्तक लिखी, ताकि भावी राजा उनके अखंड भारत के स्वप्न को उनके बाद भी जीवित रखें। उन्होंने यह पुस्तक प्रसिद्धि पाने के लिए नहीं, बल्कि इसलिए लिखी थी, ताकि भारत भविष्य में भी अखंड रह सके। चाणक्य सच्चे देशभक्त थे, जिनके मन में अखंड भारत का स्वप्न था और यह एक ऐसा स्वप्न था, जो उन्होंने किसी दूसरे से पहले देखा था।

अध्याय 17

गुरु का विकल्प नहीं है

पुस्तकप्रत्ययाधीतं नाधीतं गुरुसन्निधौ।
सभामध्ये न शोभन्ते जारगर्भा इव स्त्रियः।। 17-01

जिन्होंने गुरु से विद्या सीखने के बजाय पुस्तक पढ़कर ज्ञान हासिल किया है, उनका सभा में उसी तरह सम्मान नहीं होता, जैसे व्यभिचार से गर्भ धारण करने वाली स्त्री का समाज में सम्मान नहीं होता।

व्याख्या : पुस्तक से ज्ञान तो मिलता है, लेकिन वह अधूरा ज्ञान होता है। गुरु ही बताता है कि वह ज्ञान किन परिस्थितियों में लागू होगा और किनमें नहीं होगा। गुरु आपको बारीकियाँ बताएगा औरअनुभव के आधार पर मार्गदर्शन देगा। गुरु के बिना प्राप्त ज्ञान को उसी तरह सम्मान नहीं मिलता, जैसे किसी गर्भवती व्यभिचारिणी औरत को सम्मान नहीं मिलता।

प्रेरक विचार : मार्गदर्शक बहुत महत्वपूर्ण होता है। बेहद सफल लोग अलग-अलग क्षेत्रों में कोच और मेन्टोर का सहयोग लेते हैं। कोच, गुरु या मार्गदर्शक होने पर सफलता आसानी से मिलती है।

दुष्ट के साथ दुष्टता उचित है

कृते प्रतिदृतं कुर्याद् हिंसने प्रतिहिंसनम्।
तत्र दोषो न पतति दुष्टे दुष्टं समाचरेत्।। 17–02

उपकार के बदले उपकार और हिंसा के बदले हिंसा करें। दुष्ट के प्रति दुष्टता का आचरण ही उचित है, इसलिए इसमें कोई दोष या पाप नहीं होता।

व्याख्या : अर्थ स्वत: ही स्पष्ट है।

प्रेरक विचार : हमें नकारात्मक लोगों को सुधारने की कोशिश नहीं करनी चाहिए, बल्कि उनसे दूर हो जाना चाहिए। चाणक्य 'जैसे को तैसा' की सलाह देते हैं, लेकिन इसमें समस्या यह है कि आपको भी नकारात्मक स्तर पर उतरना पड़ता है, जिससे आपको नुक़सान होता है।

तप से सब हासिल हो सकता है

यद्दूरं यद्दुराराध्यं यच्च दूरे व्यवस्थितम्।
तत्सर्वं तपसा साध्यं तपो हि दुरतिक्रमम्।। 17–03

जो बहुत दूर है, जिसे प्राप्त करना बहुत कठिन है, जो बहुत ज़्यादा ऊँचाई पर है, वह सब कुछ तप करके प्राप्त किया जा सकता है, क्योंकि तप की शक्ति प्रबल है।

व्याख्या : तप का अर्थ है ख़ुद को तपाना, अनुशासित करना, कष्ट उठाना, त्याग करना, मेहनत करना। जो व्यक्ति यह सब करने में सक्षम है, वह हर मनचाही चीज़ पा सकता है, चाहे उसे पाना कितना ही मुश्किल क्यों न हो।

प्रेरक विचार : जब आप किसी भी क्षेत्र में एकनिष्ठ श्रम करते हैं और शारीरिक सुखों का त्याग करते हैं, तो आपकी सफलता स्वयमेव तय हो जाती है।

जीवन के गुण–दोष

लोभश्चेदगुणेन किं पिशुनता यद्यस्ति किं पातकै:
सत्यं चेत्तपसा च किं शुचि मनो यद्यस्ति तीर्थेन किम्।

सौजन्यं यदि किं गुणै: सुमहिमा यद्यस्ति किं मण्डनै:
सद्विद्या यदि किं धनैरपयशो यद्यस्ति किं मृत्युना।। 17–04

यदि लोभ है, तो किसी दूसरे दुर्गुण की क्या ज़रूरत है? यदि चुगलखोरी है, तो दूसरे पापों की क्या ज़रूरत है? यदि जीवन में सत्य है, तो तप की क्या ज़रूरत है? यदि मन पवित्र है, तो तीर्थ करने की क्या ज़रूरत है? यदि सौहार्द्र है, तो गुणों की क्या ज़रूरत है? यदि संसार में यश है, तो सजावट के लिए आभूषणों की क्या ज़रूरत है? यदि श्रेष्ठ विद्या है, तो किसी दूसरे धन की क्या ज़रूरत है? यदि अपयश है, तो मृत्यु की क्या ज़रूरत है, क्योंकि बदनाम मनुष्य तो जीते–जी ही मृत के समान है।

व्याख्या : अर्थ स्वत: ही स्पष्ट है।

प्रेरक विचार : लोभ सबसे बड़ा दुर्गुण है, क्योंकि इसमें मनुष्य धन संग्रह के लिए अपनी आत्मा, शरीर, छवि, प्रतिष्ठा आदि की कोई परवाह नहीं करता। ज़रा सोचें, एक निर्जीव चीज़ के संग्रह के लिए अगर आप अपना सब कुछ दाँव पर लगा रहे हैं, तो इसमें कौन सी बुद्धिमानी है?

दान दिए बिना धन नहीं मिलता

पिता रत्नाकरो यस्य लक्ष्मीर्यस्य सहोदरा।
शङ्खो भिक्षाटनं कुर्यान्न दत्तमुपतिष्ठते।। 17–05

जिसका पिता रत्नों का भंडार समुद्र है, जिसकी बहन लक्ष्मी है, ऐसा शंख अगर माँगता फिरे, तो समझना चाहिए कि उसने कभी दान नहीं दिया, क्योंकि बिना दान दिए धन नहीं मिलता।

व्याख्या : शंख समुद्र से उत्पन्न होता है, जो रत्नों का भंडार है। लक्ष्मीजी भी समुद्र मंथन से उत्पन्न हुई थीं, अतः वे शंख की बहन हैं, लेकिन इसके बावजूद शंख का इस्तेमाल साधु भीख माँगने के लिए करते हैं, जो भाग्य की विडंबना है और इस बात का द्योतक है कि दान दिए बिना धन नहीं मिलता।

प्रेरक विचार : दान करना बीज बोना है। आप जैसा बीज बोएँगे, आपको वैसा ही फल मिलेगा। यानी अगर आप धन का दान देते हैं, तो आपको बदले में धन मिलेगा। अगर आप समय का दान देते हैं, तो आपको समय मिलेगा। अर्थात् जिस भी चीज़ का दान देंगे, बदले में वही चीज़ मिलेगी और कई गुना होकर मिलेगी।

कमज़ोरी छिपाने के मुखौटे

अशक्तस्तु भवेत्साधुर्ब्रह्मचारी वा निर्धनः।
व्याधितो देवभक्तश्च वृद्धा नारी पतिव्रता।। 17–06

अशक्त पुरुष ब्रह्मचारी बन जाता है, निर्धन इंसान साधु बन जाता है, बीमार आदमी भक्त बन जाता है और बूढ़ी स्त्री पतिव्रता बन जाती है।

व्याख्या : आशय यह है कि कई बार कमज़ोरी पर अच्छे कामों का लेबल लगा दिया जाता है। अक्षम या अशक्त पुरुष इच्छा के कारण नहीं बल्कि मजबूरी में ब्रह्मचारी बनता है, ग़रीब मजबूरी में साधु बनता है, बीमार व्यक्ति मजबूरी में भक्त बनता है और बूढ़ी औरत मजबूरी में पतिव्रता बन जाती है। यानी ये सारे काम आंतरिक प्रवृत्ति के अनुसार नहीं, बल्कि लाचारी और मजबूरी में किए जाते हैं। प्रायः देखा गया है कि कई पुरुष सिर्फ़ इसलिए चरित्रवान बने रहते हैं, क्योंकि उन्हें चरित्रहीन बनने का मौक़ा ही नहीं मिला।

प्रेरक विचार : हर मनुष्य सबके सामने अपनी कमज़ोरी और दोष छिपाने की कोशिश करता है। वह बहाने बनाता है, दिखावा करता है और अपने ऐबों को ढँक लेता है।

इनसे बेहतर कुछ नहीं है

नान्नोदकसमं दानं न तिथिर्द्वादशी समा।
न गायष्याः परो मन्त्रो न मातुर्दैवतं परम्।। 17–07

अन्न और जल जैसा कोई दान नहीं है। द्वादशी जैसी कोई तिथि नहीं है। गायत्री मंत्र के सिवाय कोई मंत्र नहीं है और माता से श्रेष्ठ कोई देवता नहीं है।

व्याख्या : अन्न–जल का दान सबसे बड़ा दान है। द्वाद्वशी या प्रदोष सबसे श्रेष्ठ तिथि है, क्योंकि इस दिन किए गए उपवास, दान आदि का फल बाक़ी दिनों की तुलना में ज़्यादा मिलता है। गायत्री मंत्र सर्वश्रेष्ठ मंत्र है, क्योंकि इसे सिद्ध करने से इंसान की सभी इच्छाएँ पूरी हो जाती हैं। और माँ साक्षात् ईश्वर है।

प्रेरक विचार : यथासंभव दान दें, क्योंकि जो आप देंगे, वही आपको कई गुना होकर मिलेगा।

सबसे ज़्यादा विष किसमें होता है?

तक्षकस्य विषं दन्ते मक्षिकायास्तु मस्तके।
वृश्चिकस्य विषं पुच्छे सर्वांगे दुर्जने विषम्।। 17–08

विष साँप के दाँत में, मक्खी के मस्तक में और बिच्छू की पूँछ में होता है, किंतु दुर्जन मनुष्य के सभी अंगों में विष भरा रहता है।

व्याख्या : बाक़ी प्राणियों के केवल एक अंग में ज़हर होता है, लेकिन दुर्जन व्यक्ति के हर अंग में ज़हर भरा होता है, अर्थात दुर्जन व्यक्ति तो ज़हरीले जानवरों से भी ज़्यादा बुरा होता है, क्योंकि वह हर तरफ़ से बुरा करता है और हर क्षेत्र में बुराई करना ही उसका उद्देश्य रहता है। बाक़ी जानवर तो केवल आत्मरक्षा के लिए विष का इस्तेमाल करते हैं, लेकिन दुर्जन अकारण ही ज़हर उगलता रहता है और कष्ट पहुँचाता है।

प्रेरक विचार : दुर्जनों से दूर रहें, क्योंकि वे आपका प्रत्यक्ष ही नहीं, अप्रत्यक्ष रूप से भी अहित कर सकते हैं; उनकी संगत में रहेंगे, तो आप भी बुरी आदतें सीख जाएँगे।

पत्नी नरक में कब जाती है?

पत्युराज्ञां विना नारी ह्युपोष्य व्रतचारिणी।
आयुष्यं हरते भर्तुः सा नारी नरकं व्रजेत्॥ 17–09

पति की आज्ञा के बिना उपवास–व्रत करने वाली स्त्री पति की आयु कम करती है और ख़ुद भी नरक में जाती है।

व्याख्या : पत्नी को पति का कहना मानना चाहिए, अन्यथा उसे ख़राब परिणाम मिलेंगे। संभवत: पुरुष प्रधान समाज में यह बात इसलिए कही गई होगी, क्योंकि तब महिलाओं को कम बुद्धिमान और कम दूरदर्शी माना जाता था।

प्रेरक विचार : हमें अपने जीवनसाथी के विचारों को महत्व देना चाहिए और यथासंभव सहमति के आधार पर काम करना चाहिए।

स्त्री कब शुद्ध होती है?

न दानैः शुध्यते नारी नोपवासशतैरपि।
न तीर्थसेवया तद्वद्भर्तुः पादोदकैर्यथा॥ 17–10

स्त्री दान देने, सैकड़ों उपवास करने और तीर्थ करने से भी उतनी शुद्ध नहीं होती, जितनी पति का चरणोदक लेने और उसकी सेवा करने से होती है।

व्याख्या : पति की सेवा ही स्त्री का परम धर्म है। यहाँ भी 'पति परमेश्वर' की लोकप्रिय मानसिकता का उदाहरण देखने को मिलता है, जिसके अनुसार पत्नी का एकमात्र गुरु पति है, इसलिए उसे उसके कहने में चलना चाहिए।

संदेश यह है कि पत्नी को पारिवारिक दायित्वों को धार्मिक कामों से ज़्यादा महत्वपूर्ण मानना चाहिए, क्योंकि पति की सेवा से ही उसे मोक्ष मिलता है।

प्रेरक विचार : पति-पत्नी को एक-दूसरे का सम्मान और सेवा करनी चाहिए।

सही चीज़ को पहचानें

दानेन पाणिर्न तु कंकणेन स्नानेन शुद्धिर्न तु चन्दनेन।
मानेन तृप्तिर्न तु भोजनेन ज्ञानेन मुक्तिर्न तु मुण्डनेन।। 17-11

हाथ की शोभा दान से होती है, कंगन से नहीं। शरीर स्नान से शुद्ध होता है, चंदन लगाने से नहीं। सम्मान से तृप्ति होती है, भोजन से नहीं। ज्ञान से मुक्ति मिलती है, मुंडन से नहीं।

व्याख्या : प्राथमिकता पर ध्यान दें और प्रतीकों को ज़्यादा महत्व न दें। हाथ दान के लिए हैं, शरीर नहाने से शुद्ध होता है, तृप्ति आदर-सत्कार से मिलती है और मुक्ति ज्ञान से मिलती है।

प्रेरक विचार : मूल उद्‌देश्य को ध्यान में रखें। उद्‌देश्य के प्रतीकों में न उलझें।

किन चीज़ों से शक्ति और बुद्धि घटती-बढ़ती हैं

सद्यः प्रज्ञाहरा तुण्डी सद्यः प्रज्ञाकरी वचा।
सद्यः शक्तिहरा नारी सद्यः शक्तिकरं पयः।। 17-12

कुंदरू से बुद्धि तत्काल नष्ट होती है, जबकि वच से बुद्धि तत्काल बढ़ती है। स्त्री शक्ति को शीघ्र ही क्षीण कर देती है, जबकि दूध शक्ति को शीघ्र बढ़ा देता है।

व्याख्या : कुंदरू बुद्धिनाशक है, जबकि वच बुद्धिवर्धक है। स्त्री के साथ

संभोग करने से पुरुष की शक्ति कम होती है, लेकिन दूध के सेवन से शक्ति बढ़ती है। यानी यदि एक का सेवन करें, तो दूसरे के सेवन से उसकी भरपाई करनी चाहिए, जैसे कुंदरू खाने के बाद वच खाने से हिसाब बराबर हो सकता है और स्त्री के साथ अभिसार के बाद दूध पीने से शक्ति क्षीण नहीं होगी।

प्रेरक विचार : मनुष्य को पता होना चाहिए कि किस चीज़ से शक्ति-बुद्धि बढ़ती है और किस चीज़ से घटती है। फिर उसी आधार पर उसे उनका सेवन करना चाहिए।

परोपकारी समृद्ध होता है

परोपकरणं येषां जागर्ति हृदये सताम्।
नश्यन्ति विपदस्तेषां सम्पदः स्युः पदे पदे।। 17-13

जिसके हृदय में परोपकार की भावना जाग्रत रहती है, उसके कष्ट समाप्त हो जाते हैं और उसे क़दम-क़दम पर संपत्तियाँ मिलती हैं।

व्याख्या : परोपकारी व्यक्ति को कष्ट नहीं होते, क्योंकि वह तो दूसरों के कष्टों को ही अपना मान लेता है। इसके बजाय उसे संपत्तियाँ मिलती हैं, ताकि वह दूसरों के कष्टों को दूर कर सके।

प्रेरक विचार : परोपकारी व्यक्ति सदा सुखी रहता है, क्योंकि उसके मन में स्वार्थ नहीं रहता। हमें स्वार्थ को छोड़कर परोपकार में मन लगाना चाहिए, क्योंकि यही सबसे बड़ा सुख है।

स्वर्ग से ज़्यादा सुख कब मिलता है?

यदि रामा यदि च रमा यदि तनयो विनयगुणोपेत:।
तनये तनयोत्पत्ति: सुरवरनगरे किमाधिक्यम्।। 17–14

यदि घर में सुंदर–सुशील स्त्री है, यदि घर में धन–दौलत है, यदि पुत्र विनम्र और गुणवान है, यदि पोता भी है, तो स्वर्ग में भी इससे अधिक सुख कहाँ मिल सकता है?

व्याख्या : अर्थ स्वत: ही स्पष्ट है।

प्रेरक विचार : पारिवारिक और सांसारिक सुख हो, तो यह पृथ्वी ही स्वर्ग जैसी है। यदि ये दोनों सुख न हों, तो यह पृथ्वी नरक जैसी है।

अज्ञानी पशुतुल्य है

आहारनिद्राभयमैथुनानि
समानि चौतानि नृणां पशूनाम्।

ज्ञानं नराणामधिको विशेषो
ज्ञानेन हीना: पशुभि: समाना:।। 17–15

आहार, निद्रा, भय और मैथुन ये बातें मनुष्य और पशु में समान हैं। केवल ज्ञान से ही मनुष्य विशेष बनता है, अत: जिसमें ज्ञान नहीं है, वह मनुष्य पशु के समान है।

व्याख्या : अर्थ स्वत: ही स्पष्ट है।

प्रेरक विचार : बुद्धि ही पशुओं और मनुष्य के बीच का फ़र्क़ है, अत: बुद्धिमान बनने का प्रयास करें, क्योंकि आप जितने ज़्यादा बुद्धिमान बनते हैं, आप पशुओं के स्तर से उतना ही ज़्यादा ऊपर उठते हैं।

अपनी हानि न करें

दानार्थिनो मधुकरा यदि कर्णतालैर्दूरीदृता:
दूरीदृता: करिवरेण मदान्धबुद्धया।

तस्यैव गण्डयुग्ममण्डनहानिरेषा
भृंगा: पुनर्विकचपद्मवने वसन्ति।। 17–16

यदि मदांध बुद्धि वाले गजराज ने अपने कान फड़फड़ाकर भौंरों को दूर कर दिया, तो उस हाथी के ही दोनों गण्ड–स्थलों की शोभा घट जाती है। भौंरे तो एक बार फिर कमल वन में जाकर रहने लगते हैं!

व्याख्या : जवान हाथी के कानों से मीठा रस बहता है, जिस पर भँवरे मँडराते हैं। जब हाथी उन्हें दूर भगा देता है, तो इससे भँवरों का कुछ नहीं बिगड़ता, क्योंकि वे कमलवन में चले जाते हैं, लेकिन हाथी की स्वयं की सुंदरता कम हो जाती है। यानी यदि मूर्ख व्यक्ति गुणी लोगों का आदर नहीं करता है, तो इससे गुणी व्यक्ति को कोई फ़र्क़ नहीं पड़ता, क्योंकि वह दूसरी जगह चला जाएगा, जहाँ उसका सम्मान होगा, किंतु गुणी लोगों के चले जाने से मूर्ख की शोभा घट जाएगी। इसका दूसरा अर्थ यह है कि कुछ माँगने आए याचक को दुत्कारने से अपनी ही हानि होती है।

प्रेरक विचार : कोई भी काम करते समय यह देखें कि कहीं इससे आपको नुक़सान तो नहीं हो रहा है या आपकी छवि पर विपरीत प्रभाव तो नहीं पड़ रहा है।

ये आठ लोग दूसरों के दुखों की परवाह नहीं करते

राजा वेश्या यमश्चाग्निस्तस्करो बालयाचकौ।
परदु:खं न जानन्ति अष्टमो ग्रामकण्टक:।। 17–17

ये आठ लोग दूसरों के दुख को नहीं समझते – राजा, वेश्या, यम, अग्नि, चोर, बालक तथा याचक और आठवाँ है ग्रामकंटक (गाँव के लोगों को पीड़ा देने वाला)।

व्याख्या : राजा कर वसूलता है, वेश्या को पैसा चाहिए, यम को प्राण चाहिए, अग्नि का काम जलाना है, चोर का काम चोरी करना है, बालक में बुद्धि नहीं होती और दूसरों को पीड़ा देने वाले को इस काम में आनंद आता है। ये लोग दूसरों के दुख-दर्द को न तो समझते हैं, न ही समझना चाहते हैं।

प्रेरक विचार : दूसरों के दुख दूर करना चाहिए; केवल स्वार्थी व्यक्ति ही दूसरों को दुख देते हैं।

यौवन स्वर्णकाल है

अध: पश्यसि किं वृद्धे पतितं तव किं भुवि।
रे रे मूर्ख न जानासि गतं तारुण्यमौक्तिकम्।। 17–18

जिस बूढ़ी औरत की कमर झुक गई है, उससे किसी ने पूछा कि नीचे क्या ढूँढ रही है? बूढ़ी औरत जवाब देती है, 'हे मूर्ख, तुझे नहीं पता, मेरा यौवनरूपी मोती खो गया है, मैं उसी को ढूँढ रही हूँ।'

व्याख्या : अर्थ स्वत: ही स्पष्ट है।

प्रेरक विचार : यौवन स्वर्णिम काल होता है और यह दोबारा लौटकर नहीं आता। प्राय: ब्यूटी क्रीम लगाकर युवा दिखने की कोशिश की जाती है, लेकिन व्यायाम, आहार और अनुशासन से यौवन को थोड़े ज़्यादा समय तक क़ायम रखा जा सकता है।

आपको सफल बनाने के लिए एक गुण ही काफ़ी है

व्यालाश्रयाऽपि विफलाऽपि सकण्टकाऽपि
वक्राऽपि पंकिलभवाऽपि दुरासदाऽपि।

गन्धेन बन्धुरसि केतकि सर्वजन्तो–
रेको गुण: खलु निहन्ति समस्तदोषान्।। 17–19

हे केतकी! यद्यपि तेरी जड़ों में साँप रहते हैं, तुझमें फल के बजाय काँटे लगते हैं, तू टेढ़ी भी है, तू पैदा भी कीचड़ में होती है, तू मिलती भी मुश्किल से है, लेकिन अपनी गंध की वजह से सब प्राणियों को प्रिय है, इससे पता चलता है कि एक अच्छा गुण सारे दोषों को नष्ट कर देता है।

व्याख्या : केतकी अर्थात् केवड़े के वृक्ष के बारे में अर्थ स्वत: ही स्पष्ट है।

प्रेरक विचार : सफलता के लिए मनुष्य को पूरी तरह सद्गुणी या सर्वगुणसंपन्न होने की ज़रूरत नहीं है। अगर एक भी असाधारण गुण हो, तो वह सारे दोषों को नष्ट कर सकता है और मनुष्य को सफल बना सकता है।

ये चारों होने पर विनाश निश्चित है

यौवनं धनसम्पत्तिः प्रभुत्वमविवेकता।
एकैकमप्यनर्थाय किमु यत्र चतुष्टयम्।। 17–20

जवानी, धन–संपत्ति, अधिकार और विवेकहीनता – इनमें से प्रत्येक नष्ट करने के लिए काफ़ी है, लेकिन अगर ये चारों एक साथ हों, तो मनुष्य के विनाश में एक पल भी नहीं लगता!

व्याख्या : यदि जवानी में मनुष्य अमीर है, उसे कोई टोकने वाला नहीं है और उसमें सही–ग़लत सोचने की बुद्धि नहीं है, तो उसका विनाश तय है।

प्रेरक विचार : यदि बुद्धि और अनुशासन नहीं है, तो धन–संपत्ति और अधिकार मिलने पर भी आप उनका सदुपयोग नहीं कर पाएँगे, बल्कि उनका दुरुपयोग करेंगे, जिससे आपको बुरे परिणाम मिलेंगे।

इति चाणक्यनीतिदर्पणः सम्पूर्णः।